CHARLOV.

STRICKEN *lernen*
Kleidung und Accessoires

Fotografien: Charlotte Legendre-Brunet

INHALT

3

Als ich klein war, habe ich mich – ein bisschen wie Obelix auf seinen Zaubertrank – auf das Stricken gestürzt. Das lag wahrscheinlich an meinen Genen, denn in meiner Familie gab es viele Strickerinnen. Meinen ersten Pullover habe ich mit 17 Jahren angefertigt und danach habe ich nicht mehr aufgehört zu stricken! Als Studentin habe ich im Durchschnitt einen Pullover im Jahr gestrickt, während der Sommerferien. Aber in den letzten Jahren, seit das Stricken wieder so in Mode gekommen ist, hat mein Strick-Rhythmus an Fahrt aufgenommen.

Für mich ist Stricken definitiv wie ein Zaubertrank, um nicht zu sagen wie eine Droge, denn ich kann kaum einen Tag ohne zu stricken auskommen!

Aber ich setze mich vor allem dafür ein, das Stricken zu entstauben und moderner zu machen, weil sich Klischees, wie Stricken sei altmodisch, zäh halten!

Daher habe ich für dieses Buch trendige Pullover und Accessoires entworfen, die für Anfänger geeignet sind und von denen Sie später mit Stolz sagen können „das habe ich selbst gemacht!".

Ich hoffe, dass Sie so viel Spaß am Stricken wie auch am Tragen der selbstgestrickten Stücke haben wie ich beim Entwerfen hatte!

Sie können auch gerne die vorgeschlagenen Modelle variieren und zum Beispiel die Wollfarbe, Knöpfe oder Accessoires abwandeln! Und vor allem: haben Sie Spaß dabei!

Grundkurs Stricken

MATERIAL

◆◆◆◆◆◆◆◆◆

1 Stricknadeln

Es gibt viele verschiedene Arten von Stricknadeln, gerade oder Rundnadeln, aus Holz, Metall oder Kunststoff. Probieren Sie selbst aus, womit Sie am besten zurechtkommen. Ich tendiere zu Holznadeln, sie sind leichter und machen weniger Geräusche als die anderen. Sehr oft stricke ich mit Rundstricknadeln, auch für Teile mit Hin- und Rückreihen, weil sie weniger Platz einnehmen und man damit beim Stricken seinen Nachbarn nicht piekst! Stricknadeln gibt es in unterschiedlichen Stärken (sie werden in Millimetern angegeben, was ihrem Durchmesser entspricht).

2 Zopfnadel

Das ist eine Hilfsnadel, mit der man Maschen stilllegen und zu einem Zopf verkreuzen kann. Sie hat zwei Spitzen, damit man die Maschen von einer zur anderen Seite schieben kann, und ist normalerweise ziemlich kurz und leicht gebogen oder gerade mit Rillen, damit die Maschen nicht herunterrutschen. Für sehr große Maschen findet man kaum Zopfnadeln, daher verwende ich dann Rundstricknadeln in der entsprechenden Größe.

3 Wollnadel

Das ist eine Nähnadel mit einem größeren Nadelöhr für Wolle. Damit werden einzelne Teile nach dem Stricken zusammengenäht.

4 Maschenmarkierer

Damit kann man sich in der Strickarbeit besser zurechtfinden, wenn man ein Muster strickt oder eine Partie für eine spätere Naht markieren möchte. Das kann ein einfacher Ring sein, aber es gibt auch ganz süße Markierer mit Anhängern. Man fädelt sie zwischen zwei Maschen auf die Nadel. Bei sehr großen Maschen verwende ich einen Fingerring.

5 Spulmaschine

Das ist ein kleiner Apparat, mit dem man aus einem Strang ein Wollknäuel formen kann. Außerdem kann man damit aus zwei Fäden ein Knäuel mit einem doppelten Faden machen (siehe Kapitel „Stricken mit doppeltem Faden", Seite 20).

6 Schere

Man braucht sie, um am Ende den Faden abzuschneiden. Ich nehme einen kleinen Fadenabschneider, weil er weniger Platz benötigt, aber man kann auch jede beliebige Schere benutzen.

7 Reihenzähler

Manchmal muss man für ein wiederkehrendes Muster, Abnahmen oder Zunahmen Reihen zählen. Früher habe ich dafür immer Papier und Stift benutzt, aber seit ich diesen elektrischen Reihenzähler entdeckt habe, nehme ich nur noch diesen. Er hat die Form eines Rings und durch einfachen Druck auf den Knopf werden die gestrickten Reihen gezählt. Es gibt auch mechanische Reihenzähler, die man auf die Enden der Stricknadeln setzt. Dabei muss man nur an einem Rädchen drehen. Benutzen Sie, was Ihnen am liebsten ist.

8 Häkelnadel

Beim Stricken braucht man immer auch eine Häkelnadel, vor allem um eine gefallene Masche wieder hochzuholen. Sie kann auch für Abschlüsse oder Fransen sehr nützlich sein. Die Größe der Häkelnadel spielt dabei keine große Rolle.

9 Sicherheitsnadeln

Sie brauchen Sicherheitsnadeln, um die Strickarbeit am Ende zu sichern. So löst sie sich nicht auf, wenn man sie dämpft und trocknet, damit sie ihre gewünschte Größe erhält.

10 Moosgummiplatten

Zum Trocknen muss die Strickarbeit auf einer glatten Fläche ausgebreitet werden, die Wasser verträgt. Ideal ist eine Matte aus Moosgummi oder Moosgummiplatten, die man ineinanderstecken kann (so kann man sie je nach Form der Strickarbeit anordnen).

11 Maßband

Unerlässlich zum Ausmessen der Arbeit.

12 Nadelhalter

Er sieht aus wie eine große Sicherheitsnadel. Damit kann man stillgelegte Maschen fixieren, während man ein anderes Teil strickt.

DER ANFANG

◆◆◆◆◆◆◆◆

Wolle aussuchen und eine Maschenprobe stricken

Auswahl der Wolle

Natürlich muss man nicht dieselbe Wolle nehmen, die in den Anleitungen angegeben ist. Das ist die große Freiheit beim Stricken: Man kann die Farbe, das Garn und das Material frei wählen. Die einzige Regel, die es zu beachten gilt, ist, dass das Garn genauso dick wie beim Modell sein muss, damit dieses genauso groß wird (man kann von dieser Regel abweichen, wenn man einen doppelten Faden verwendet, siehe Kapitel „Stricken mit doppeltem Faden", Seite 20). Von der Stärke des Garns hängt auch die Nadelstärke ab, die jeweils auf der Banderole der Wolle angegeben ist. Dabei handelt es sich jedoch nur um eine Empfehlung; man kann auch mit einer etwas dünneren oder dickeren Nadel stricken, wenn das Strickwerk lockerer oder fester werden soll.

Wichtig ist, dass die Maschenprobe mit der des Modells übereinstimmt (siehe „Maschenprobe", nebenan). Um herauszufinden, wie viele Wollknäuel man braucht, wenn man eine andere Wolle als angegeben verwendet (denn die Knäuel haben nicht immer dieselbe Lauflänge), wendet man den traditionellen Dreisatz an.

Wenn zum Beispiel in der Anleitung 5 Knäuel zu jeweils 150 m Lauflänge empfohlen werden und die verwendete Wolle aus Knäueln zu je 100 m besteht, rechnet man: (5 x 150) / 100 = 7,5 Knäuel (das heißt 8 Knäuel, weil immer aufgerundet wird).

Maschenprobe

Die Maschenprobe besteht aus einem kleinen Quadrat, das vor dem eigentlichen Stricken angefertigt wird, um festzustellen, dass man in den angegeben Dimensionen strickt. Denn jeder strickt etwas anders: Manche stricken fest, andere locker, das hängt davon ab, wie fest man den Faden um die Finger legt. Daher ist es sehr wichtig, eine Maschenprobe anzufertigen, um sicherzustellen, dass das Strickwerk später die richtige Größe hat. Das ist auch sehr nützlich, wenn man eine andere Wolle als angegeben verwendet.

Wenn die Maschenprobe nicht genauso groß ist wie in der Anleitung angegeben, keine Panik! Wenn sie kleiner ist, nimmt man etwas größere Nadeln. Ist sie größer, nimmt man kleinere Nadeln.

Wollknäuel

Zuerst den Anfangsfaden aus dem Knäuel ziehen. Am besten das Ende aus der Mitte des Knäuels nehmen und nicht das äußere. Denn so vermeidet man, dass das Knäuel beim Stricken herumrollt. Es bleibt ruhig liegen, wenn man aus der Mitte heraus beginnt.

Wenn die Wolle nicht zu einem Knäuel, sondern einem Strang gewickelt ist, muss man ihn vor dem Stricken mit einer Spulmaschine aufwickeln. Ansonsten riskiert man, dass sich die Wolle verknotet.

Maschen anschlagen

Eine Nadel in eine Hand nehmen, um den Daumen der anderen eine Schlaufe aus dem Garn legen (**1** und **2**) und die Nadel dann in die Schlaufe führen (**3**). Etwa zehn Zentimeter vom Endfaden stehen lassen und mit der rechten Hand festziehen (**4**). Denn wenn er zu locker ist, hält die Anfangsmasche nicht. Diese wird fixiert, wenn die zweite Masche angeschlagen ist. Wie mit der ersten Masche fortfahren, bis die in der Anleitung angegebene Maschenzahl auf der Nadel ist (**5**).

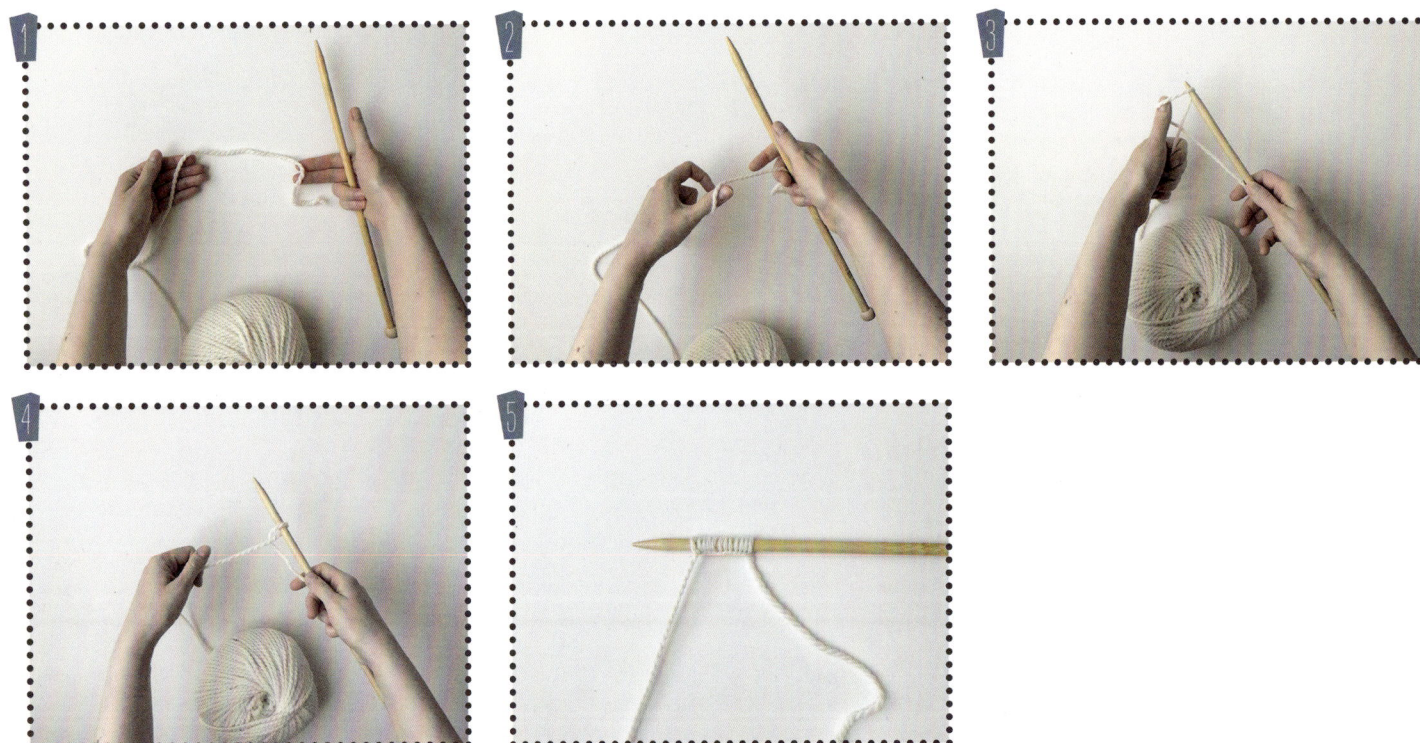

Die Nadel mit den angeschlagenen Maschen wird ab jetzt zum Stricken in der linken Hand gehalten. Die andere Nadel, in der rechten Hand, führt die Strickbewegungen aus. Wenn eine Reihe beendet ist, werden die Nadeln in den Händen getauscht, sodass bei Reihenbeginn immer die Nadel mit den Maschen in der linken Hand liegt.

Nadelstärke wechseln

Von Zeit zu Zeit muss die Nadelstärke bei einer Strickarbeit gewechselt werden. Generell werden die Kanten, die den Anfang der Arbeit bilden, mit einer Nadelstärke kleiner gestrickt.
Zum Wechseln ersetzt man die rechte Nadel (mit der die Maschen abgestrickt werden) durch die Nadel in einer anderen Größe. Ist die Reihe beendet, tauscht man auch die andere Nadel aus.

Wollknäuel wechseln

Wenn ein Wollknäuel aufgebraucht ist, hat mein zwei Möglichkeiten, wie man mit einem neuen weiterarbeitet.

Man kann das Knäuel am Reihenanfang wechseln (wie in den meisten Fällen, weil der Reihenanfang später in der Naht verschwindet). Um festzustellen, ob der restliche Faden noch für eine Reihe reicht, rechnet man die dreifache Fadenlänge pro Reihe.

Man kann auch das Knäuel wechseln, wenn der Faden aufgebraucht ist (bei Arbeiten mit offenen Kanten, wie bei Schals zum Beispiel). Dann nimmt man den Endfaden und Anfangsfaden des neuen Knäuels zusammen und strickt zwei oder drei Maschen mit beiden Fäden.

Dann strickt man nur mit dem Faden des neuen Knäuels weiter. Die beiden Fadenenden werden anschließend verknotet und auf der Rückseite vernäht, sodass man sie nicht sieht.

STRICKMUSTER

◆◆◆◆◆◆◆◆◆◆◆◆◆

Im Prinzip besteht eine Strickarbeit aus zwei Maschenarten: der rechten und der linken Masche.
Fast alle anderen Maschenarten sind eine Kombination aus diesen beiden.

Rechte Maschen

Für eine rechte Masche mit der rechten Nadel von unten in die erste Masche einstechen (**1**). Die rechte Nadel kreuzt dabei die linke, dabei wird sie hinter diese geführt. Dann den Faden (Achtung, immer den vom Knäuel kommenden Faden nehmen) zwischen beide Nadeln führen (**2**) und dabei um die rechte Nadel legen (von vorne nach hinten **3** und **4**). Den Faden in die rechte Hand nehmen und die rechte Nadel mit der soeben gebildeten Schlaufe nach vorne ziehen (**5**). Dann die Masche von der linken Nadel gleiten lassen, sodass die neue Masche auf der rechten Nadel liegt (**6**).
Jetzt ist die erste Masche gestrickt!

Linke Maschen

Für eine linke Masche mit der rechten Nadel von unten in die erste Masche einstechen (**1**). Die rechte Nadel kreuzt die linke, dabei wird sie vor dieser geführt. Dann den Faden (Achtung, immer den vom Knäuel kommenden Faden nehmen) zwischen beide Nadeln führen (**2**) und dabei um die rechte Nadel legen (von vorne nach hinten). Den Faden in die rechte Hand nehmen und die rechte Nadel mit der soeben gebildeten Schlaufe durchziehen (**3** und **4**). Dann die Masche von der linken Nadel gleiten lassen, sodass die neue Masche auf der rechten Nadel liegt (**5**).

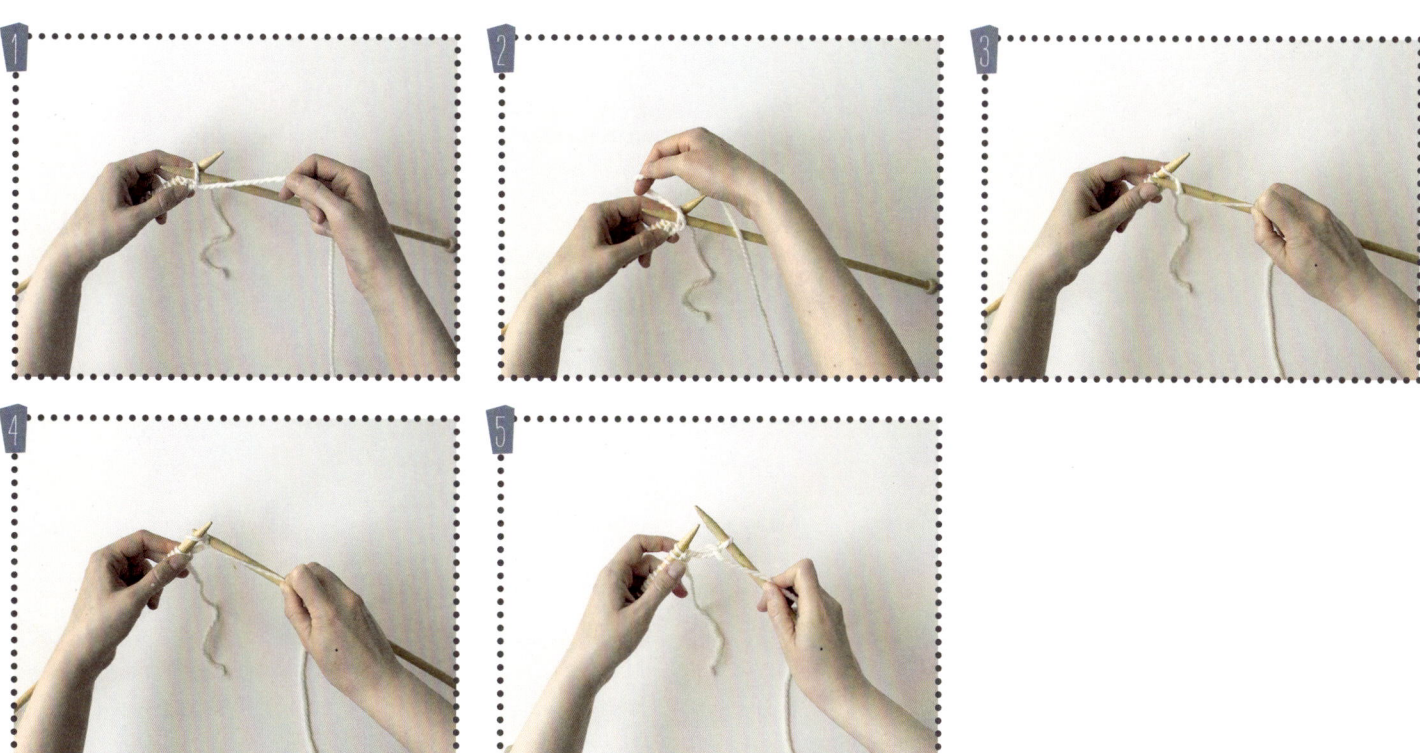

Kraus rechts

Für ein kraus rechtes Maschenbild werden die Maschen über alle Reihen rechts gestrickt. Die rechte und die linke Seite der Strickarbeit sehen gleich aus.

Perlmuster

Wie beim Rippenmuster (siehe Seite gegenüber) wird in einer Reihe immer eine rechte und eine linke Masche im Wechsel gestrickt. Aber in der folgenden Reihe müssen die Maschen versetzt gearbeitet werden (also nicht so stricken, wie sie erscheinen). Das bedeutet, dass auf eine mit einer rechten Masche beendete Reihe eine Reihe folgt, die mit einer rechten Masche beginnt.

Glatt rechts

Dafür werden abwechselnd Reihen mit rechten und mit linken Maschen gestrickt. Die Vorder- und die Rückseite der Strickarbeit sehen später unterschiedlich aus. Auf der Vorderseite erscheinen kleine V und auf der Rückseite kleine Wellen (die Rückseite ähnelt dem kraus rechten Muster, ist aber etwas fester).
Glatt rechts gestrickte Teile rollen sich leicht ein, daher werden sie meist mit einem Bündchen „eingefasst".

Maschen stricken, wie sie erscheinen

Das bedeutet, dass auf eine rechte Masche in der Folgereihe eine linke Masche gestrickt werden muss, und umgekehrt. Um sich zurechtzufinden, muss man die Maschen genau betrachten: Sieht man einen kleinen Querfaden auf der linken Nadel, muss man eine linke Masche stricken. Ohne Querfaden strickt man eine rechte Masche.

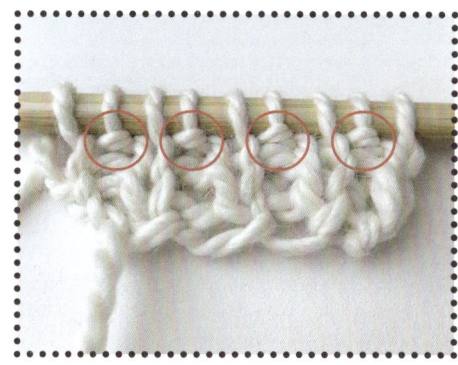

Rippenmuster

Hier wird in derselben Reihe abwechselnd eine rechte und eine linke Masche gestrickt, in der folgenden Reihe umgekehrt.

Wenn also die letzte Masche einer Reihe eine rechte Masche ist, wird in der folgenden Reihe mit einer linken Masche begonnen.

Dafür den Faden vor oder hinter die Arbeit führen, je nachdem ob eine rechte oder linke Masche gestrickt wird. Nach einer rechten Masche liegt der Faden hinten und muss zwischen den beiden Nadeln nach vorne geholt werden, damit mit einer linken Masche weitergestrickt werden kann.

Für eine rechte Masche den Faden entsprechend nach hinten führen und so weiter.

Wird im Wechsel 1 Masche rechts, 1 Masche links gestrickt, so spricht man von Rippenmuster 1/1, werden 2 Maschen rechts, 2 Maschen links im Wechsel gestrickt, von Rippenmuster 2/2.

15

ZUNAHMEN

◆◆◆◆◆◆◆◆◆

Für bestimmte Formen müssen Maschen zugenommen, das heißt hinzugefügt werden. Hier werden drei Methoden vorgestellt: das Anschlagen einer neuen Masche, die Zunahme aus dem Querfaden und Zunahme durch einen Umschlag.

Zusätzliche Masche

Hierbei wird wie am Anfang einer Strickarbeit eine zusätzliche Masche aufgenommen. Dafür den Faden um den linken Daumen legen und die rechte Nadel durch die so entstandene Schlaufe führen.

Aus dem Querfaden zunehmen

Hierbei wird der waagerechte Faden zwischen zwei Maschen der vorigen Reihe auf die linke Nadel gehoben und anschließend wie eine normale Masche gestrickt.

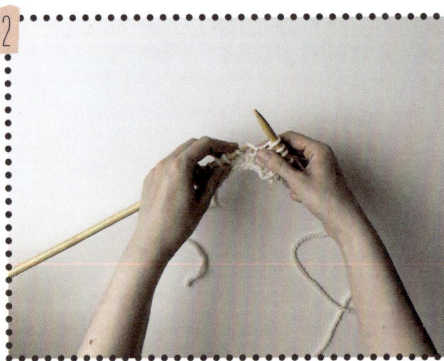

Zunahme durch Umschlag

Für einen Umschlag wird der Faden um die Nadel gelegt. Wenn der Faden hinten liegt, wird er um die rechte Nadel gelegt und dafür zwischen den Nadeln von hinten nach vorne geführt. So entsteht zwar eine neue Masche, aber auch ein Loch im Muster. Daher wird diese Methode generell für Ajourmuster verwendet und die Zunahme durch eine Abnahme der folgenden Maschen kompensiert, wenn die Maschenzahl beibehalten werden soll.

ABNAHMEN

◆◆◆◆◆◆◆◆◆

Wie die Zunahmen dienen auch die Abnahmen dazu, der Strickarbeit eine bestimmte Form zu verleihen. Außerdem wird damit die Arbeit abgeschlossen. Wenn also angegeben ist „alle Maschen abketten", so bedeutet das, dass man alle Maschen abnehmen muss (siehe Kapitel „Die Arbeit beenden", Seite 28). Hier werden beide Methoden erklärt: der Überzug und die Abnahme durch Zusammenstricken zweier Maschen.

Überzogen zusammenstricken

Dabei wird die erste Masche der linken Nadel auf die rechte gehoben, ohne sie zu stricken (**1**), dann wird die folgende Masche gestrickt (**2**) und die erste darüber gezogen (**3** bis **6**).

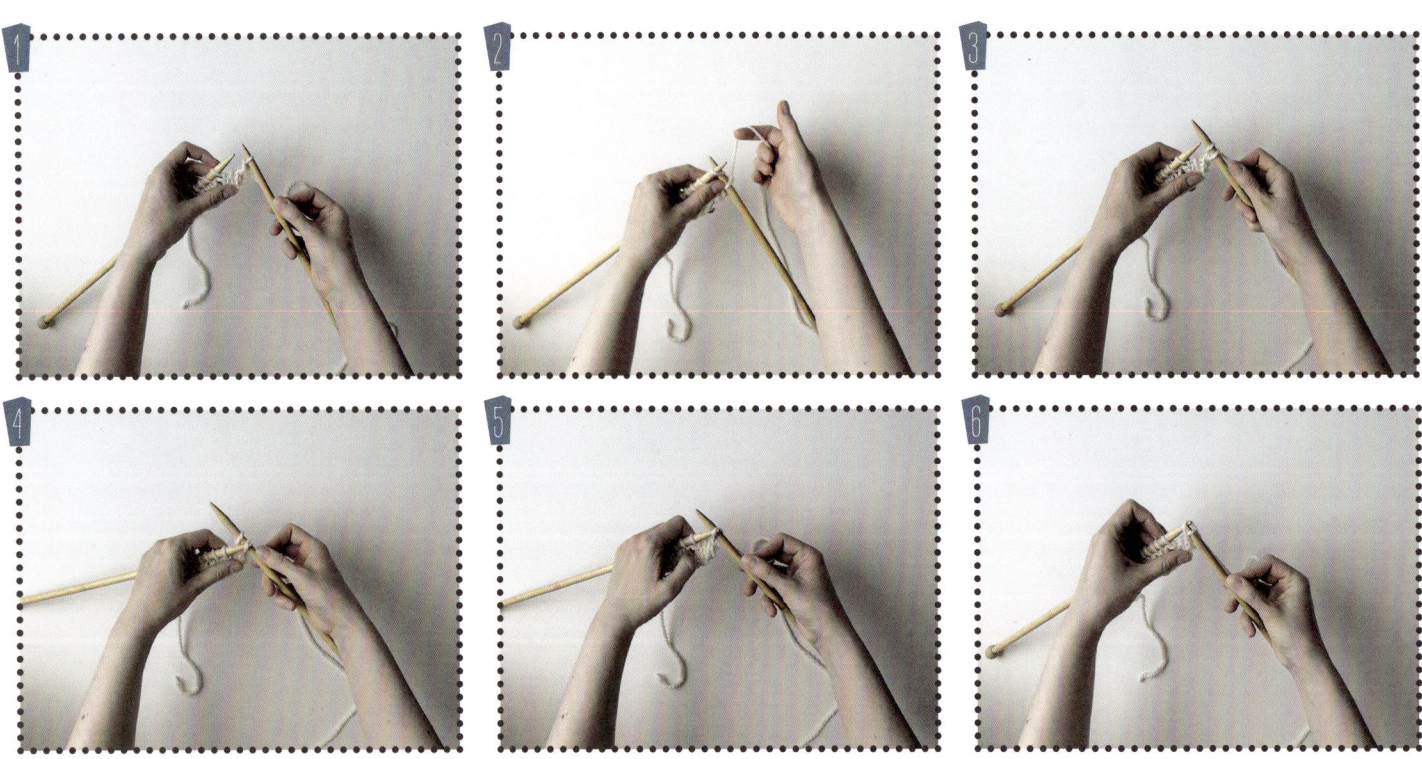

Zwei Maschen zusammenstricken

Dabei werden zwei Maschen zusammengestrickt, also mit der rechten Nadel zwei Maschen auf einmal so von der linken Nadel abgestrickt, als wenn es nur eine Masche wäre.

Für ein schöneres Maschenbild kettet man generell rechts (mit rechten Maschen) ab und strickt auf der linken Seite Maschen zusammen.

MIT DOPPELTEM FADEN STRICKEN

◆◆◆◆◆◆◆◆◆◆◆◆◆◆◆◆◆◆◆◆◆◆◆◆◆◆◆

Entweder strickt man mit doppeltem Faden, weil man mit zwei Fäden in verschiedenen Farben stricken möchte, damit die Strickarbeit meliert aussieht. Oder weil man ein dickeres Maschenbild erzielen möchte, wenn man das Garn an das in der Anleitung anpassen will. So kann man dann das Modell in der richtigen Größe stricken, wenn die Wolle dünner als angegeben ist. Um Knötchenbildung zu verhindern, ist es sehr wichtig, den Faden aus der Mitte des Knäuels heraus zu nehmen (siehe Kapitel „Der Anfang", Seite 8).

Beim Stricken mit doppeltem Faden strickt man mit zwei Fäden aus zwei Wollknäueln genauso wie mit einem einfachen Faden.

Aufspulen

Alternativ kann man mit einer Spulmaschine ein Knäuel aus zwei Fäden herstellen, indem man die Fäden von zwei Knäueln zusammenführt.

FARBWECHSEL

◆◆◆◆◆◆◆◆◆◆◆

Es gibt zwei Möglichkeiten, die Farbe zu wechseln: Entweder strickt man eine ganze Reihe in einer anderen Farbe — dabei entsteht ein Streifenmuster — oder man wechselt innerhalb einer Reihe die Farbe. Das nennt man dann Jacquardmuster.

Streifenmuster

Für Streifen muss man nur am Reihenbeginn die Farbe wechseln. Dafür beginnt man mit einer Schlaufe (auf dem Foto eine weiße, in der rechten Hand).

Am besten wechselt man die Farbe immer nach einer geraden Anzahl von Reihen, weil dann der Farbwechsel immer auf derselben Seite stattfindet und man den Faden nicht abschneiden muss (und später nicht so viele Fäden vernähen muss).

Jacquardmuster

Damit kann man Motive in das Strickwerk einarbeiten. Entweder führt man dafür den Faden auf der Rückseite mit oder man legt ihn nach und nach um den Faden, mit dem gestrickt wird.

Bei der einfacheren Methode, bei der der Faden auf der Rückseite mitgeführt wird, werden die Maschen in der Grundfarbe gestrickt (1 und 2) dann die Maschen in einer anderen Farbe (3). Der Faden wird dabei auf der Rückseite lose mitgeführt (4), um eine neue Masche damit zu stricken (5 und 6). Dabei muss man darauf achten, den Faden nicht zu fest zu ziehen, weil sich sonst das Gestrick verzieht (7).

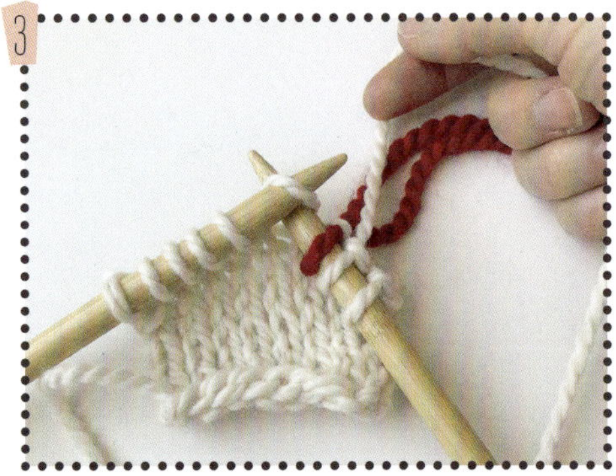

Bei der anderen Methode wird der Faden nach und nach um den Faden gelegt, mit dem man strickt, sodass der Faden der zweiten Farbe dem der Grundfarbe folgt. Dabei liegen auf der Rückseite keine lockeren Fäden.

Allerdings wendet man diese Methode nicht an, wenn die Grundfarbe hell und die Musterfarbe dunkel ist, weil der dunklere Faden sonst durchscheint.

IN RUNDEN STRICKEN

◆◆◆◆◆◆◆◆◆◆◆◆◆◆◆◆◆

In Runden stricken ist relativ leicht und hat auch einen großen Vorteil:
Man muss zum Schluss nicht zusammennähen.

Bei dieser Technik werden die beiden Enden der Arbeit aneinandergefügt und in Spiralrunden gestrickt.

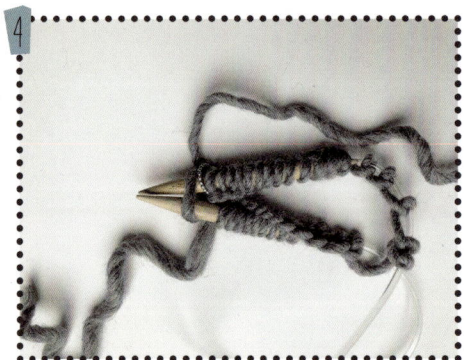

Um sich in der Arbeit zurechtzufinden, muss man unbedingt einen Maschenmarkierer an den Rundenanfang setzen.

Bei der ersten Runde muss man zudem aufpassen, dass sich die Maschen nicht verdrehen, wenn man sie zur Runde schließt.
Dafür müssen die Maschen gleichmäßig auf der Nadel nebeneinanderliegen.

MASCHEN AUFNEHMEN

◆◆◆◆◆◆◆◆◆◆◆◆◆◆◆◆◆◆◆◆◆◆◆

Das Aufnehmen von Maschen hat viele Vorteile: Man kann auf diese Weise in eine andere Richtung weiterarbeiten oder Bordüren arbeiten (Halsausschnitt, Knopfleisten etc.), ohne sie annähen zu müssen.

Dabei nimmt man die Maschen direkt aus dem Gestrick auf.

Dafür die Nadel an der Kante in eine Masche einstechen und den Wollfaden hinter der Arbeit fest-
halten. Diesen um die Nadel legen und nach vorne
holen. So ist eine Masche entstanden.

So über die gewünschte Strecke fortfahren.
Am Anfang kann man die Maschen eventuell auch
mit einer Häkelnadel aufnehmen, dann müssen
sie aber auf eine Stricknadel gehoben werden.

STRICKSCHRIFT LESEN

◆◆◆◆◆◆◆◆◆◆◆◆◆◆◆◆◆◆◆◆◆◆◆

Wenn ein Modell mit einem Motiv versehen ist, sei es ein Reliefmotiv (Zopf, Ajourmuster) oder ein
Farbmotiv (Jacquardmuster), gehört zur Anleitung auch eine Strickschrift.
Beim Stricken liest man das Muster von rechts nach links (falls umgekehrt, liest man die betreffende
Reihe von links nach rechts) und von unten nach oben.
Muster und Maschenart werden durch kleine Zeichen abgebildet, die in einer Legende erklärt
werden.

ZOPFMUSTER

◆◆◆◆◆◆◆◆◆◆

Zopfmuster schrecken manchmal ab, aber sie sind ganz einfach zu stricken.
Die Maschen werden glatt rechts gestrickt, einige werden auf eine Zopfnadel gelegt und
mit den anderen verkreuzt.
Je nachdem, in welche Richtung der Zopf zeigen soll, legt man die Hilfsnadel vor oder hinter die Arbeit.

Die drei ersten Maschen des Zopfes auf eine Zopfnadel vor die Arbeit legen (**1**). Die folgenden drei
Maschen wie gewohnt stricken (**2** und **3**), dann die drei Maschen der Zopfnadel stricken (**4** und **5**).
Und schon sind die Maschen verkreuzt (**6**)!

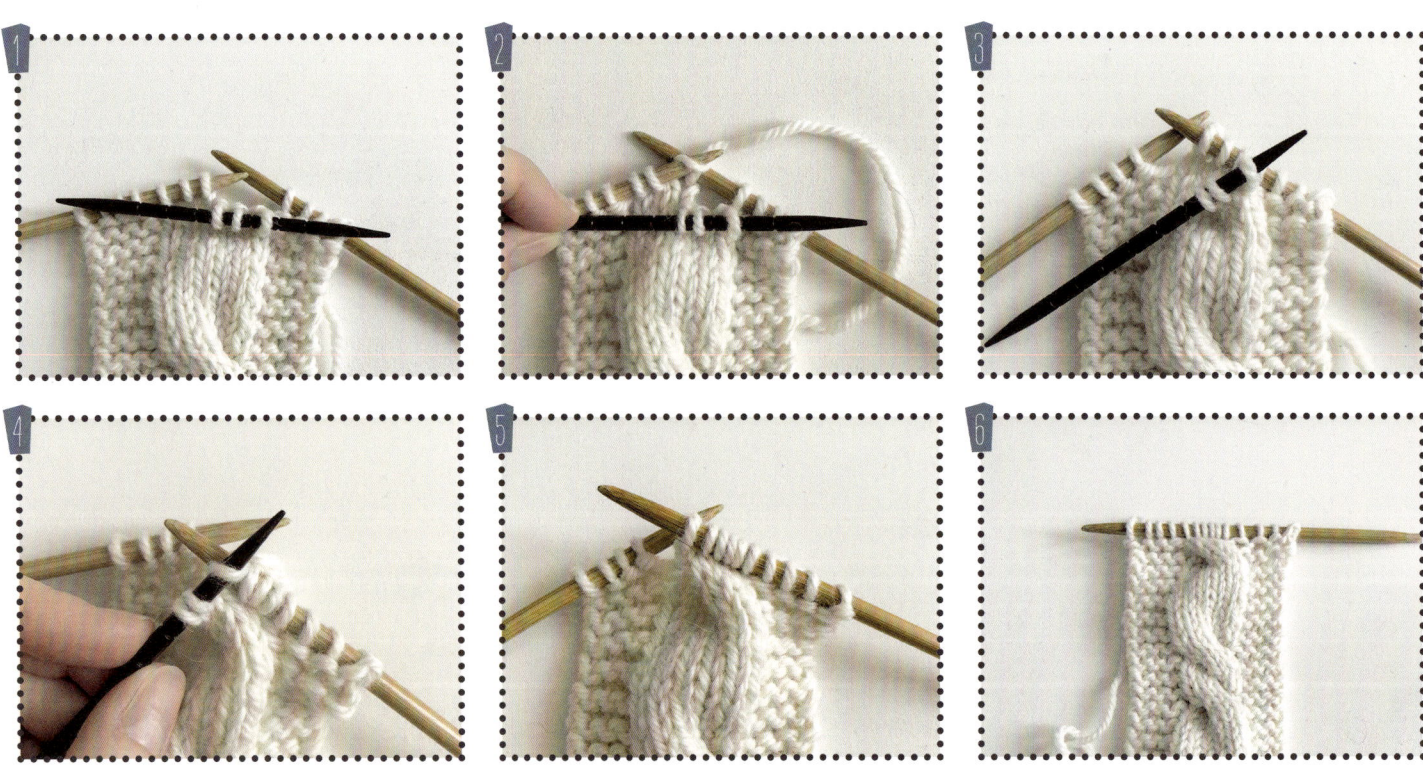

KNOPFLEISTEN STRICKEN

◆◆◆◆◆◆◆◆◆◆◆◆◆◆◆◆◆◆◆◆

Es gibt zwei Methoden, Knopfleisten zu stricken, je nachdem ob die Löcher senkrecht oder waagerecht verlaufen sollen.

Waagerechte Knopflöcher

In einer Reihe ein paar Maschen abketten (**1**, siehe Seite 28) und in der folgenden Reihe an derselben Stelle wieder aufnehmen (**2** und **3**).

Senkrechte Knopflöcher

In diesem Fall wird die Arbeit in zwei Teile geteilt: Jede Seite separat stricken (dabei auf jeder Seite in Hin- und Rückreihen arbeiten), nach ein paar Reihen dann wieder zusammenfügen (das heißt, alle Maschen wieder in einer Reihe stricken).

DIE ARBEIT BEENDEN

◆◆◆◆◆◆◆◆◆◆◆◆◆◆◆◆◆◆

Das war's, die Arbeit ist beendet!
Aber was macht man nach der letzten Reihe?

Maschen abketten

Das heißt, dass nun alle Maschen abgenommen werden. Dafür zwei Maschen stricken, sie sind nun auf der rechten Nadel. Die erste gestrickte Masche über die zweite ziehen und eine weitere Masche stricken. Die zweite Masche über die dritte ziehen, das entspricht dem Überzug wie auf Seite 18 beschrieben. Man kann aber auch fortlaufend zwei Maschen zusammenstricken, die entstandene Masche auf die linke Nadel schieben und wieder zwei Maschen zusammenstricken, wie auf Seite 19 und den Fotos hier unten gezeigt (1 und 2). Es sieht schöner aus, wenn man auf der linken Seite zwei Maschen zusammenstrickt und auf der rechten die Überzüge macht. Wenn nur noch eine Masche übrig ist, diese lang ziehen (3), den Faden abschneiden (4) und durch die Schlaufe ziehen. Festziehen, sodass ein Knoten entsteht (5).

28

Fäden vernähen

Am Ende der Arbeit sind noch die kleinen Fäden zu vernähen (die beim Wechseln eines Wollknäuels entstehen).
Um sie unauffällig zu verstecken, fädelt man sie auf eine Wollnadel und führt diese zwischen den angrenzenden Maschengliedern durch.

Zusammennähen

Die meisten Teile müssen mithilfe einer Wollnadel zusammengenäht werden.

Am schnellsten geht das mit einem Steppstich (dafür die Nadel einstechen und wieder zurückführen und auf halber Stichlänge wieder einstechen, fortlaufend wiederholen).

Aufpassen, dass immer zwischen den Randmaschen eingestochen wird. Die Nähte werden immer auf der linken Seite gearbeitet.
Dafür beide Strickteile rechts auf rechts legen und von links zusammennähen.

Bevor die Ärmel angenäht werden, den (schon zusammengenähten) Korpus auf links wenden.

Den Ärmel auf rechts in den Korpus schieben.

Die Kante an die abgeketteten Randmaschen des Korpus nähen.

Spannen

Letzter Schritt: das Gestrick spannen.
Dafür wird das Strickwerk gewaschen (von Hand oder im Wollwaschgang der Maschine ohne oder mit niedrigem Schleudergang) und anschließend flach hingelegt. Dabei fixiert man es mit Stecknadeln, damit es die gewünschte Form in den richtigen Maßen erhält.
So kann man ein Gestrick etwas vergrößern, wenn es zum Beispiel etwas zu fest gestrickt wurde.
Dieser Schritt wird nur einmal ausgeführt.
Anschließend kann man das Stück ganz normal waschen und ausbreiten (am besten immer flach).

Pflege

Es versteht sich von selbst, dass man auch später, wenn das Strickwerk beendet und gespannt ist, dieses immer vorsichtig waschen sollte. Es wäre schade, wenn es durch falsches Waschen geschädigt würde.
Der Banderole der Wolle ist zu entnehmen, bei welcher Temperatur es gewaschen werden kann. Wenn man es in der Maschine wäscht, sollte man immer den Wollwaschgang mit niedriger Schleuderstufe wählen.
Gestricktes sollte immer flach liegend getrocknet werden, damit es nicht außer Form gerät.

GRÖSSENANGABEN

Im Text wird die Maschenzahl für jede Größe einzeln angegeben.

14 (16/18) anschlagen.

Größe 34/36 | Größe 42/44
Größe 38/40

Wenn keine Angaben in Klammern angeführt werden, ist die Maschenzahl für alle Größen gleich.

Anleitungen

SCHAL

Material

- **6 Knäuel in Blau**
Lauflänge: 50 g/60 m
- **Stricknadeln 7 mm**
- **1 Wollnadel**
- **Schere**

Maschenprobe

Kraus rechts mit Nadel 7 mm: 14 Maschen x 24 Reihen = 10 cm x 10 cm

Techniken

- **Maschen anschlagen, Seite 10**
- **Kraus rechts, Seite 14**
- **Maschen abketten, Seite 28**
- **Fäden vernähen, Seite 29**

 ANLEITUNG

1 Mit Nadeln 7 mm 32 Maschen anschlagen.

2 Kraus rechts (stets rechte Maschen) bis zu einer Höhe von 170 cm stricken.

3 Alle Maschen abketten.

4 Die Fäden vernähen.

LOOP

Material

• *2 Knäuel in Hellrosa*
Lauflänge: 100 g/70 m
• *Stricknadeln 8 mm*
• *1 Wollnadel*
• *Schere*

Maschenprobe

Perlmuster mit Nadel 8 mm: 11 Maschen x 13 Reihen = 10 cm x 10 cm

Techniken

• **Maschen anschlagen, Seite 10**
• **Perlmuster, Seite 14**
• **Maschen abketten, Seite 28**
• **Fäden vernähen, Seite 29**
• **Zusammennähen, Seite 30**

 ANLEITUNG

1 Mit Nadeln 8 mm 63 Maschen anschlagen und im Perlmuster (1 Masche rechts, 1 Masche links, dabei die Reihen immer mit 1 rechten Masche beginnen und beenden) über 25 cm stricken.

2 Alle Maschen abketten.

3 Die Arbeit längs falten und an den kurzen Seiten zusammennähen.

4 Die Fäden vernähen.

STULPEN

Material

- 4 Knäuel in Dunkelgrau
  Lauflänge: 50 g/70 m
- Stricknadeln 5,5 mm (für Hin- und Rückreihen) oder Rundstricknadel 5,5 mm (für Runden)
- 1 Maschenmarkierer (wenn in Runden gestrickt wird)
- 1 Wollnadel
- Schere

Techniken

- Maschen anschlagen, Seite 10
- Rippenmuster, Seite 15
- In Runden stricken (optional), Seite 24
- Maschen abketten, Seite 28
- Fäden vernähen, Seite 29

Maschenprobe

Rippenmuster 1/1 mit Nadel 5,5 mm: 21 Maschen x 25 Reihen = 10 cm x 10 cm

 ANLEITUNG

In Hin- und Rückreihen

1 Mit Nadeln 5,5 mm 59 Maschen anschlagen und im Rippenmuster 1/1 (1 Masche rechts, 1 Masche links) über 44 cm stricken.

2 Alle Maschen abketten.

3 Die Arbeit an den langen Seiten rechts auf rechts legen und zusammennähen.

4 Die Fäden vernähen.

In Runden

1 Mit der Rundstricknadel 5,5 mm 58 Maschen anschlagen, die Maschen verbinden und darauf achten, dass sie sich nicht verdrehen. Einen Maschenmarkierer an den Rundenbeginn setzen und im Rippenmuster 1/1 (1 Masche rechts, 1 Masche links) über 44 cm stricken.

2 Alle Maschen abketten.

3 Die Fäden vernähen.

STIRNBAND

Material

• *1 Knäuel in Hellgrau*
Lauflänge: 50 g/75 m
• *Stricknadeln 5 mm*
• *1 Zopfnadel*
• *1 Wollnadel*
• *Schere*

Techniken

• *Maschen anschlagen, Seite 10*
• *Strickschrift lesen, Seite 25*
• *Zopfmuster, Seite 26*
• *Maschen abketten, Seite 28*

Maschenprobe

Zopfmuster mit Nadel 5 mm: 21 Maschen x 30 Reihen = 7 cm x 10 cm

 ANLEITUNG

1 Mit Nadeln 5 mm 14 Maschen anschlagen.

2 Das Motiv wird über 20 Reihen gearbeitet.
Alle ungeraden Reihen (bis auf Reihe 3 und 9): alle Maschen rechts stricken.
Alle geraden Reihen: 4 Maschen rechts, 6 Maschen links, 4 Maschen rechts.
Reihe 3 und 9: 4 Maschen rechts stricken, 3 Maschen auf eine Zopfnadel vor die Arbeit legen, 3 Maschen rechts stricken, dann die 3 Maschen rechts stricken, mit 4 Maschen rechts enden.

3 Die 20 Reihen bis zu einer Höhe von 48 cm fortlaufend wiederholen. Alle Maschen abketten.

4 Die kurzen Seiten rechts auf rechts aufeinanderlegen und zusammen-nähen.

Strickschrift

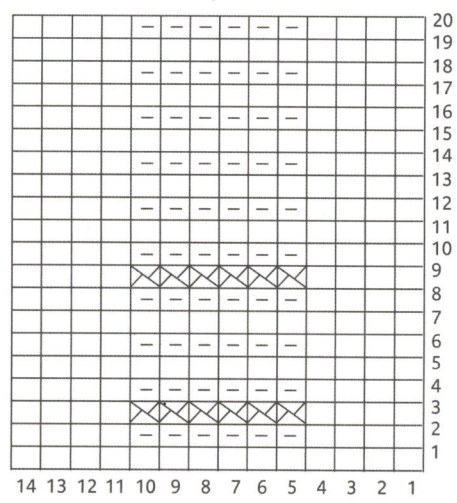

☐: linke Masche
─: rechte Masche
⊠: Zopf nach links über 6 Maschen

MÜTZE

Material

• 2 Knäuel in Hellgrau
Lauflänge: 100 g/36 m

• Rundstricknadel 12 mm und
15 mm

• 1 Maschenmarkierer

• 1 Wollnadel

• Schere

Maschenprobe ....

Glatt rechts mit Nadel 15 mm: 7 Maschen x 11 Reihen = 10 cm x 10 cm

Techniken

• Maschen anschlagen, Seite 10

• Glatt rechts, Seite 14

• Rippenmuster, Seite 15

• Abnahmen, Seite 18

• In Runden stricken, Seite 24

• Fäden vernähen, Seite 29

ANLEITUNG

1 Mit der Rundstricknadel 12 mm 32 Maschen anschlagen.

2 Die Maschen zur Runde schließen, dabei darauf achten, dass sie sich nicht verdrehen, und einen Maschenmarkierer an die Anfangsmasche setzen.
Siehe Foto 1

3 Über 6 cm im Rippenmuster 1/1 stricken.

4 Mit der Nadel 15 mm in Glatt rechts weiterstricken (in Runden werden dafür alle Reihen rechts gestrickt).
Siehe Foto 2

5 Bei 10 cm ab dem Bündchen (ungefähr nach 13 Runden) mit den Abnahmen beginnen. Dafür alle 5 Maschen 1 Masche abnehmen (also 4 Maschen stricken, die 5. und 6. Masche zusammenstricken).
Siehe Foto 3

6 Bis zum Rundenende so fortfahren, dann die letzten beiden Maschen stricken. Es liegen 27 Maschen auf der Nadel. Wenn die Rundstricknadel zu lang ist, kann man das flexible Mittelteil durch die Maschen schieben, damit sich die Maschen beim Stricken nicht auseinanderziehen.

Siehe Foto 4

7 In der folgenden Runde alle 4 Maschen 1 Masche abnehmen (also 3 Maschen stricken, die 4. und 5. Masche zusammenstricken), am Rundenende 1 Masche rechts überzogen zusammenstricken und 2 Maschen links zusammenstricken, die letzten beiden Maschen stricken. Es liegen 22 Maschen auf der Nadel. In der folgenden Runde alle 3 Maschen 1 Masche abnehmen (also 2 Maschen stricken, die 3. und 4. Masche zusammenstricken), die beiden letzten Maschen rechts stricken. Es liegen 17 Maschen auf der Nadel. In der folgenden Reihe alle 2 Maschen 1 Masche zusammenstricken (also 1 Masche stricken, die 2.

und 3. Masche zusammenstricken), die beiden letzten Maschen rechts stricken. Es liegen 12 Maschen auf der Nadel. In der folgenden Reihe stets 2 Maschen zusammenstricken. Es liegen 6 Maschen auf der Nadel.

8 Den Faden ungefähr 15 cm lang abschneiden und mit einer Wollnadel durch die restlichen 6 Maschen ziehen. Festziehen und im Inneren der Mütze vernähen.
Siehe Foto 5 bis 8

9 Fäden vernähen.

1

2

3

4

5

6

7

8

DREIECKSTUCH

Material

- **4 Knäuel in Dunkelblau**
  Lauflänge: 50 g/65 m
- **Stricknadeln 7 mm und 15 mm**
- **1 Wollnadel**
- **1 Häkelnadel**
- **Schere**

Techniken

- **Maschen anschlagen, Seite 10**
- **Glatt rechts, Seite 14**
- **Zunahme/Aus dem Querfaden zunehmen, Seite 16**
- **Maschen abnehmen, Seite 28**
- **Fäden vernähen, Seite 29**

Maschenprobe

Gittermuster mit Nadeln 7 mm und 15 mm: 8 Maschen x 18 Reihen = 10 cm x 10 cm

Gittermuster: *Dafür wird glatt rechts mit 2 unterschiedlichen Nadelstärken gestrickt, nämlich 1 Reihe mit Nadel 15 mm und die folgende mit Nadel 7 mm.*

ANLEITUNG

1 Mit der Nadel 7 mm 3 Maschen anschlagen.
Siehe Foto 1

2 Mit der Nadel 7 mm 1 Reihe rechts stricken.

3 In der folgenden Reihe Nadel 15 mm verwenden.
Siehe Foto 2

4 1 Reihe links stricken, dabei vor der letzten Masche 1 Masche aus dem Querfaden zunehmen
Siehe Foto 3 und 4

5 So weiter glatt rechts stricken (in den rechten Reihen mit Nadel 7 mm, in den linken mit Nadel 15 mm) und dabei stets vor der letzten Masche 1 Masche aus dem Querfaden zunehmen.
Siehe Foto 5
Bis zu einer Höhe von 65 cm arbeiten.

6 Alle Maschen abketten

7 Die Fäden vernähen.
Mehrere 43 cm lange Wollfäden abschneiden und jeweils in der Mitte zusammenlegen. Mithilfe einer Häkelnadel in den Kanten des Tuchs knoten.
Siehe Foto 6 bis 9

STRICKJACKE

Material

• *7 Knäuel in Ecru*
Lauflänge: 50 g/65 m
• *Stricknadeln 8 mm*
• *1 Wollnadel*
• *Schere*
Größen: 34/36 (38/40 – 42/44)

Maschenprobe ....

Glatt rechts mit Nadeln 8 mm: 13 Maschen x 18 Reihen = 10 cm x 10 cm

Techniken

• *Maschen anschlagen, Seite 10*

• *Glatt rechts, Seite 14*

• *Zunahme/Zusätzliche Maschen anschlagen, Seite 16*

• *Abnahmen/Überzogen zusammen-stricken, Seite 18*

• *Maschen abketten, Seite 28*

• *Zusammennähen, Seite 30*

• *Fäden vernähen, Seite 29*

halbes Vorderteil

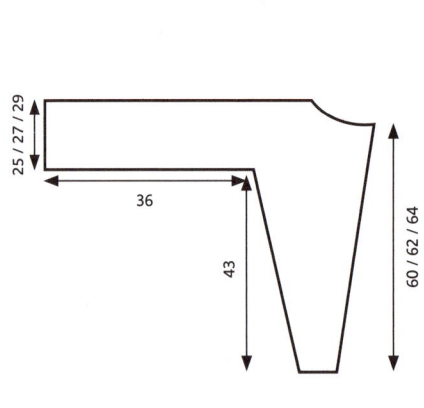

Rückenteil

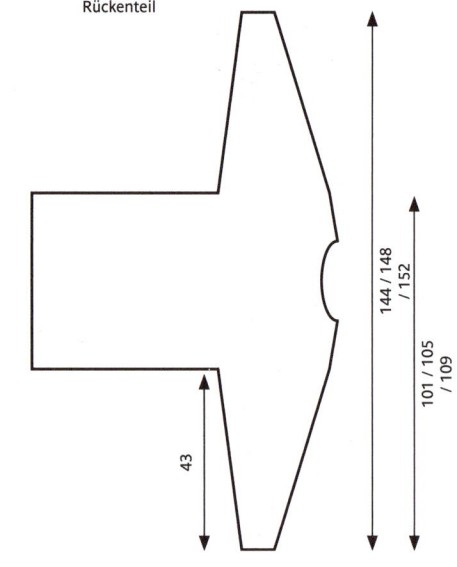

Linkes Vorderteil

1 Mit der Nadel 8 mm 14 (16/18) Maschen anschlagen und glatt rechts stricken.

2 In jeder 10. Reihe auf beiden Seiten 1 Masche zunehmen. 8x wiederholen, bis 30 (32/34) Maschen auf der Nadel liegen.

3 Bei 43 cm Gesamthöhe auf der linken Seite 48 Maschen zunehmen. Es liegen 78 (80/82) Maschen auf der Nadel.
Siehe Fotos 1 bis 7

4 Über diese 78 (80/82) Maschen bis zu einer Gesamthöhe auf der rechten Seite von 60 (62/64) cm weiterstricken. Dann rechts die ersten 4 Maschen abketten.
Nach 2 Reihen die ersten 3 Maschen abketten.
Nach 2 Reihen die ersten 2 Maschen abketten.
Nach 2 Reihen die 1. Masche abketten.
Nach 2 Reihen die 1. Masche abketten.
Nach 2 Reihen die 1. Masche abketten.
Nach 2 Reihen die 1. Masche abketten.
Nach 2 Reihen die 1. Masche abketten.
Es liegen 64 (66/68) Maschen auf der Nadel.

5 Noch 2 Reihen stricken, dann alle Maschen locker abketten.

6 Das rechte Vorderteil gegengleich arbeiten (das heißt, die Angaben „links" durch „rechts" ersetzen und „rechts" durch „links").

Rückenteil

1 Mit der Nadel 8 mm 14 (16/18) Maschen anschlagen und glatt rechts stricken. In jeder 10. Reihe auf beiden Seiten 1 Masche zunehmen. 8x wiederholen, bis 30 (32/34) Maschen auf der Nadel liegen.

2 Bei 43 cm Gesamthöhe auf der linken Seite 48 Maschen zunehmen. Es liegen 78 (80/82) Maschen auf der Nadel. Über diese 78 (80/82) Maschen bis zu einer Gesamthöhe auf der rechten Seite von 60 (62/64) cm weiterstricken.

3 Dann rechts die beiden ersten Maschen abketten.
Nach 2 Reihen die 1. Masche abketten.
Nach 2 Reihen die 1. Masche abketten.
Nach 2 Reihen die 1. Masche abketten.
Es liegen 73 (75/77) Maschen auf der Nadel.
Über diese 73 (75/77) Maschen noch 13 (17/21) stricken.

4 Dann rechts vor der letzten Masche 1 Masche zunehmen.
Nach 2 Reihen rechts am Reihenanfang 1 Masche zunehmen.
Nach 2 Reihen rechts am Reihenanfang 1 Masche zunehmen.
Nach 2 Reihen rechts am Reihenanfang 1 Masche zunehmen.
Es liegen 78 (80/82) Maschen auf der Nadel.

5 Nach 101 (105/109) cm Gesamthöhe links 48 Maschen abketten. Noch 5 Reihen stricken, dann auf jeder Seite 1 Masche abketten.

6 Diesen Vorgang alle 10 Reihen wiederholen. Bei 144 (148/152) cm Gesamthöhe die restlichen 14 (16/18) Maschen abketten.

7 Die Vorderteile rechts auf rechts auf das Rückenteil legen und die Seiten und Ärmel zusammennähen.
Siehe Foto 8

8 Die Fäden vernähen.

1

2

3

4

5

6

7

8

SCHULTERWÄRMER

Material

- 3 Knäuel in Natur
Lauflänge: 50 g/110 m
- 3 Knäuel in Hellrosa
Lauflänge: 50 g/110 m
- Stricknadeln 7 mm
- 1 Wollnadel
- Schere

Techniken

- Maschen anschlagen, Seite 10
- Kraus rechts, Seite 14
- Rippenmuster, Seite 15
- Abnahmen/Zwei Maschen zusammenstricken, Seite 19
- Mit doppeltem Faden stricken, Seite 20
- Zusammennähen, Seite 30
- Fäden vernähen, Seite 29

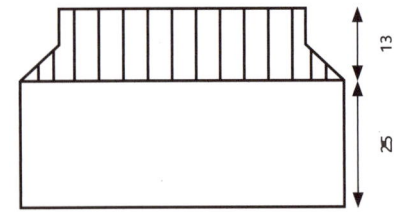

Maschenprobe

Kraus rechts mit Nadeln 7 mm: 14 Maschen x 28 Reihen = 10 cm x 10 cm

 ANLEITUNG

1 Mit der Nadel 7 mm und doppeltem Faden 77 Maschen anschlagen.

2 Mit beiden Fäden über 25 cm kraus rechts stricken.

3 Dann im Rippenmuster 1/1 weiterarbeiten, dabei in der 1. Reihe 16 Maschen abnehmen, indem 2 Maschen zusammengestrickt werden, sodass 61 Maschen auf der Nadel liegen. 1 Masche stricken, die folgenden 2 Maschen zusammenstricken, 14 x (3 Maschen stricken, 2 Maschen zusammenstricken) und zum Schluss 1 Masche rechts, 2 Maschen zusammenstricken, 1 Masche rechts.

4 Anschließend auf jeder Seite die 1. Masche abketten, bis noch 35 Maschen auf der Nadel liegen. Das Rippenmuster 1/1 bis zu einer Höhe von 13 cm arbeiten.

5 Alle Maschen abketten.

6 Ein zweites, identisches Trapez anfertigen.

ZUSAMMENSETZEN

1 Die Trapeze aufeinanderlegen und an den Seiten zusammennähen.
Siehe Foto

2 Die Fäden vernähen.

AJOURMUSTERPULLI

Maschenprobe

Glatt rechts mit Nadeln 7 mm: 14 Maschen x 20 Reihen = 10 cm x 10 cm

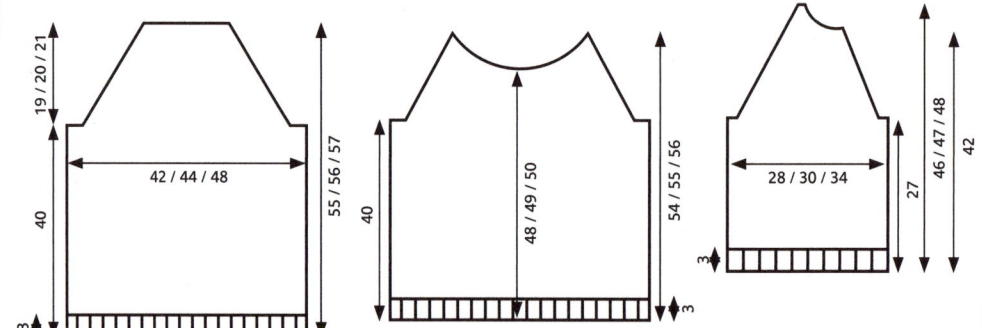

Techniken

• **Glatt rechts, Seite 14**

• **Rippenmuster, Seite 15**

• **Zunahmen/Umschlag, Seite 17**

• **Abnahmen/Überzogen zusammenstricken, Seite 18**

• **Maschen aufnehmen (optional), Seite 25**

• **Zusammennähen, Seite 30**

ANLEITUNG

Rückenteil

 Mit der Nadel 6 mm 53 (57/61) Maschen anschlagen und im Rippenmuster 1/1 (1 Masche rechts, 1 Masche links in allen geraden Reihen und umgekehrt in allen ungeraden Reihen) stricken.

 Nach 3 cm auf Nadel 7 mm wechseln und in Glatt rechts weiterarbeiten. Dabei in der 1. Reihe 1 Masche abnehmen, sodass 52 (56/60) Maschen auf der Nadel liegen.

 Nach einer Gesamthöhe von

40 cm mit dem Raglan beginnen, dafür auf jeder Seite die ersten 3 (4/5) Maschen abketten.
Dann auf jeder Seite die ersten 1 (2/2) Maschen abketten. Dann 8x (2 Reihen stricken, in den beiden folgenden Reihen jeweils die 1. Masche abketten).
Für Größe 38/40 dann in den folgenden beiden Reihen die 1. Masche abketten.
Für Größe 42/44 dann in den folgenden vier Reihen die 1. Masche abketten.
Bei 55 (56/57) cm Gesamthöhe die restlichen 28 (26/26) Maschen abketten.

Vorderteil

4 Mit der Nadel 6 mm 53 (57/61) Maschen anschlagen und im Rippenmuster 1/1 (1 Masche rechts, 1 Masche links in allen geraden Reihen und umgekehrt in allen ungeraden Reihen) stricken.

5 Nach 3 cm auf Nadel 7 mm wechseln und in Glatt rechts weiterarbeiten. Dabei in der 1. Reihe 1 Masche abnehmen, sodass 52 (56/60) Maschen auf der Nadel liegen.

6 4 Reihen glatt rechts stricken, dann nach der Strickschrift oder wie folgt arbeiten: 25 (27/29) Maschen rechts, 1 Umschlag, 2 Maschen rechts zusammenstricken, 25 (27/29) Maschen rechts. 1 Reihe links.
23 (25/27) Maschen rechts, 1 Masche rechts überzogen zusammenstricken, 1 Umschlag, 1 Masche rechts, 1 Umschlag, 2 Maschen rechts zusammenstricken, 24 (26/28) Maschen rechts. 1 Reihe links.
22 (24/26) Maschen rechts, 1 Masche rechts überzogen zusammenstricken, 1 Umschlag, 3 Maschen rechts, 1 Umschlag, 2 Maschen rechts zusammenstricken, 23 Maschen (25/27) Maschen rechts. 1 Reihe links.
21 (23/25) Maschen rechts, 1 Masche rechts überzogen zusammenstricken, 1 Umschlag, 5 Maschen rechts, 1 Umschlag, 2 Maschen rechts zusammenstricken, 22 (24/26) Maschen rechts. 1 Reihe links.
20 (22/24) rechts, 1 Masche rechts

überzogen zusammenstricken, 1 Umschlag, 7 Maschen rechts, 1 Umschlag, 2 Maschen rechts zusammenstricken, 21 (23/25) Maschen rechts. 1 Reihe links.
19 (21/23) Maschen rechts, 1 Masche rechts überzogen zusammenstricken, 1 Umschlag, 9 Maschen rechts, 1 Umschlag, 2 Maschen rechts zusammenstricken, 20 (22/24) Maschen rechts. 1 Reihe links.
18 (20/22) Maschen rechts, 1 Masche rechts überzogen zusammenstricken, 1 Umschlag, 11 Maschen rechts, 1 Umschlag, 2 Maschen rechts zusammenstricken, 19 (21/23) Maschen rechts. Diese 14 Reihen fortlaufend wiederholen.

Siehe Foto 1

7 Nach einer Gesamthöhe von 40 cm mit dem Raglan beginnen, dafür auf jeder Seite die ersten 3 (4/5) Maschen abketten. Dann auf jeder Seite die ersten 1 (2/2) Maschen abketten. Dann auf jeder Seite die ersten 1 (2/2) Maschen abketten. Dann 8x (2 Reihen stricken, in den beiden folgenden Reihen jeweils die 1. Masche abketten).
Für Größe 38/40 dann in den folgenden beiden Reihen die 1. Masche abketten.
Für Größe 42/44 dann in den folgenden vier Reihen die 1. Masche abketten.

8 **Zugleich** bei 48 (49/59) cm Gesamthöhe über die 6 mittleren Maschen den Ausschnitt arbeiten.

Um zu ermitteln, wie viele Maschen bis zu den mittleren 6 Maschen gestrickt werden müssen, zieht man von der Gesamtmaschenzahl bei 48 (49/50) cm Höhe 6 Maschen ab und teilt diese Zahl durch 2.
Diese Maschenzahl stricken, dann 6 Maschen abketten und die Reihe zu Ende stricken. Dann werden die Seiten getrennt beendet, dabei am Beginn jeder Reihe (ab Ausschnitt) 2 Maschen abketten. Dann nochmals 2 Maschen am Ausschnitt in der folgenden Reihe abketten (also nach 2 Reihen). In den folgenden 3 Reihen am Ausschnitt jeweils 1 Masche abketten. (Parallel dazu werden die Abnahmen an der Außenseite für den Raglan gearbeitet.)
Bei 54 (55/56) cm Gesamthöhe die restlichen 4 (3/3) Maschen auf beiden Seiten abketten.

Ärmel

9 Mit der Nadel 6 mm 33 (37/41) Maschen anschlagen und 3 cm im Rippenmuster 1/1 stricken. Auf Nadel 7 mm wechseln und in Glatt rechts weiterarbeiten. Dabei in der 1. Reihe 1 Masche zunehmen, sodass 34 (38/42) Maschen auf der Nadel liegen.

10 Bei 27 cm Gesamthöhe für die Armkugel die ersten 3 (4/5) Maschen abketten. In der folgenden Reihe wiederholen. 8x (In den beiden nächsten Reihen die 1. Masche abketten. Die beiden folgenden Reihen ohne Abnahmen stricken.) Für Größe 38/40 dann in den folgenden beiden Reihen die 1. Masche abketten. Für Größe 42/44 dann in den folgenden vier Reihen die 1. Masche abketten. Bei 42 cm Gesamthöhe rechts die ersten 2 Maschen abketten. Die 1. Masche auf der linken Seite abketten. Nochmals rechts die ersten 2 Maschen abketten. 1 Reihe ohne Abnahmen stricken.

1

2

11 Die zweiten Ärmel gegengleich stricken („rechts" durch „links" ersetzen und umgekehrt).

◆◆◆ ZUSAMMENSETZEN UND KRAGEN ◆◆◆

12 Die Seiten von Vorder- und Rückenteil und Schultern zusammennähen, dabei die Ärmel zwischen Vorder- und Rückenteil einnähen (Achtung, die letzte Reihe der Ärmel wird nicht eingenäht, sie ist Teil des Ausschnitts).
Siehe Foto 2

13 Die 58 Maschen am Ausschnitt mit der Rundstricknadel 6 mm aufnehmen.

14 Im Rippenmuster 1/1 über 3 cm stricken, dann alle Maschen abketten.

Alternativ, wenn man noch nicht mit dem Aufnehmen der Maschen zurechtkommt, kann man auch einfach einen Streifen über 59 Maschen und 3 cm im Rippenmuster 1/1 stricken und anschließend an den Ausschnitt nähen.

15 Die Ärmelnähte ebenfalls schließen.

Strickschrift

(Für Größe 38/40 auf beiden Seiten der Strickschrift 2 Maschen hinzufügen // Für Größe 42/44 auf beiden Seiten der Strickschrift 4 Maschen hinzufügen.)

☐ : rechte Masche
— : linke Masche
O : Umschlag
⅄ : 2 Maschen überzogen zusammenstricken
⋋ : 2 Maschen rechts zusammenstricken

52	51	50	49	48	47	46	45	44	43	42	41	40	39	38	37	36	35	34	33	32	31	30	29	28	27	26	25	24	23	22	21	20	19	18	17	16	15	14	13	12	11	10	9	8	7	6	5	4	3	2	1	
																																																				14
																			⅄	O												O	⋋																			13
																																																				12
																				⅄	O										O	⋋																				11
																																																				10
																					⅄	O									O	⋋																					9
																																																				8
																						⅄	O							O	⋋																						7
																																																				6
																							⅄	O					O	⋋																							5
																																																				4
																								⅄	O		O	⋋																									3
																																																				2
																									⅄	O																											1

STREIFENPULLI

Material

- **5 Knäuel in Ecru**
  Lauflänge: 50 g/95 m
- **5 Knäuel in Marineblau**
  Lauflänge: 50 g/95 m
- **Stricknadeln 3,5 mm und 4 mm,
  Rundstricknadel 3,5 mm (optional)**
- **1 Wollnadel**
- **Schere**

Größen: 34/36 (38/40 – 42/44)

Techniken

- **Glatt rechts, Seite 14**
- **Rippenmuster, Seite 15**
- **Zunahmen/Aus dem Querfaden zunehmen, Seite 17**
- **Abnahmen/Überzogen zusammenstricken, Seite 18**
- **Farbwechsel, Seite 21**
- **Maschen aufnehmen (optional), Seite 25**
- **Zusammennähen, Seite 30**

Maschenprobe

Glatt rechts mit Nadeln 4 mm: 22 Maschen x 34 Reihen = 10 cm x 10 cm

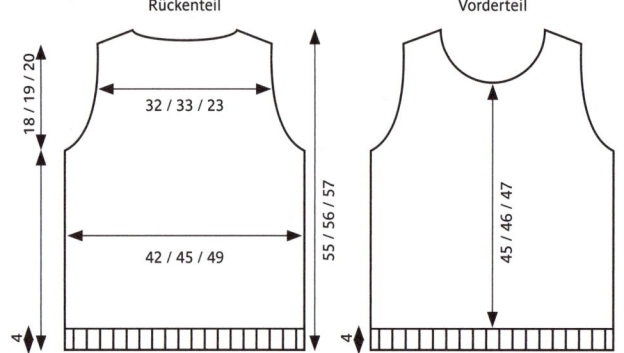

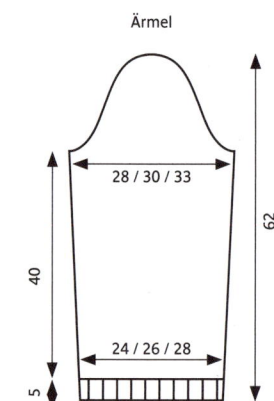

Den Faden beim Farbwechsel nicht abschneiden, außer in der oberen Partie oder wenn mehrere Maschen abgenommen werden, damit er nicht über eine längere Strecke mitgeführt werden muss.

Glatt rechts in Streifen:
4 Reihen Ecru – 2 Reihen Marineblau

Rückenteil

1 Mit der Nadel 3,5 mm 99 (107/117) Maschen in Marineblau anschlagen und 4 cm im Rippenmuster 1/1 stricken.

2 Mit Nadel 4 mm in Glatt rechts und Streifen weiterstricken (mit 4 Reihen Ecru beginnen), dabei in der Mitte der 1. Reihe 1 Masche abnehmen. Dann liegen 98 (106/116) Maschen auf der Nadel.

3 Nach 35 cm insgesamt auf beiden Seiten 3 (3/4) Maschen abketten, dann in den beiden folgenden Reihen die ersten 3 Maschen abketten. Dann 4 Maschen neben dem Rand 2 Maschen abnehmen. (4 Maschen stricken und dann 2 Maschen abnehmen.) In den folgenden 3 (5/5) Reihen wiederholen. In den folgenden 8 (10/10) Reihen 4 Maschen neben dem Rand 1 Masche abnehmen. (4 Maschen stricken und dann 1 Masche abnehmen.) Die Abnahmen 4 Maschen neben dem Rand verleihen dem Gestrick ein hübsches Aussehen. Es liegen 70 (72/80) auf der Nadel.
Siehe Foto 1

4 In 53 (54/55) cm Gesamthöhe die ersten 3 (4/4) Maschen abketten, 27 (27/28) Maschen stricken, 16 Maschen abketten, 30 (31/32)

Maschen stricken.
Siehe Foto 2

5 Die Seiten getrennt beenden. Über die 30 (31/32) Maschen die folgende Reihe stricken, dabei 3 (4/4) Maschen abketten. In der folgenden Reihe die ersten 9 Maschen abketten. In der nächsten Reihe die ersten 4 (4/4) Maschen abketten. In der nächsten Reihe die ersten 6 Maschen abketten. In der folgenden Reihe die ersten 4 (4/4) Maschen abketten
Eine Reihe ohne Abnahmen stricken, dann in der nächsten Reihe die letzten 4 (4/5) Maschen stricken. Den Faden durchziehen.

6 Über die 27 (27/28) Maschen der anderen Seite stricken, dabei auf der Innenseite am Ausschnitt beginnen und die ersten 9 Maschen abketten.
Siehe Foto 3 bis 11

7 In der nächsten Reihe (die an der Außenkante beginnt) die ersten 4 (4/4) Maschen abketten.
In der folgenden Reihe die ersten 6 Maschen abketten. In der nächsten Reihe die ersten 4 (4/4) Maschen abketten.
Eine Reihe ohne Abnahmen stricken, dann in der nächsten Reihe die letzten 4 (4/4) Maschen stricken.
Den Faden durchziehen.

Vorderteil

8 Mit der Nadel 3,5 mm 99 (107/117) Maschen in Marineblau anschlagen und 4 cm im Rippenmuster 1/1 stricken.

9 Mit Nadel 4 mm in Glatt rechts und Streifen weiterstricken (mit 4 Reihen Ecru beginnen), dabei in der Mitte der 1. Reihe 1 Masche abnehmen. Dann liegen 98 (106/116) Maschen auf der Nadel.

10 Nach 35 cm insgesamt auf beiden Seiten 3 (3/4) Maschen abketten, dann in den beiden folgenden Reihen die ersten 3 Maschen abketten.
Dann 4 Maschen neben dem Rand 2 Maschen abnehmen. (4 Maschen stricken und dann 2 Maschen abnehmen.)
In den folgenden 3 (5/5) Reihen wiederholen.
In den folgenden 8 (10/10) Reihen 4 Maschen neben dem Rand 1 Masche abnehmen. (4 Maschen stricken und dann 1 Masche abnehmen.)
Es liegen 70 (72/80) auf der Nadel.

11 In 45 (46/47) cm Gesamthöhe 32 (33/34) Maschen stricken, 12 Maschen abketten, 32 (33/34) Maschen stricken. Die Seiten getrennt beenden. In der folgenden Reihe 32 (33/34) Maschen ohne Abnahmen stricken.

Dann in der nächsten Reihe (die am Ausschnitt beginnt) die ersten 5 Maschen abketten. Die folgende Reihe ohne Abnahmen stricken. In der nächsten Reihe (die am Ausschnitt beginnt) die ersten 3 Maschen abketten. Die folgende Reihe ohne Abnahmen stricken. In der nächsten Reihe (die am Ausschnitt beginnt) die ersten 3 Maschen abketten. 4x [Die folgende Reihe ohne Abnahmen stricken. In der nächsten Reihe (die am Ausschnitt beginnt) 4 Maschen neben dem Rand 1 Masche abnehmen.] 2x [3 Reihen ohne Abnahmen stricken. In der nächsten Reihe (die am Ausschnitt beginnt) 4 Maschen neben dem Rand 1 Masche abnehmen.] Es liegen 15 (16/17) Maschen auf der Nadel.

12 In 53 (54/55) cm Gesamthöhe außen die ersten 3 (4/4) Maschen abketten. 2x [1 Reihe ohne Abnahmen stricken. Dann die ersten 4 (4/4) Maschen abketten.] 1 Reihe ohne Abnahmen stricken.

Die letzten 4 (4/5) Maschen abnehmen.

13 Die andere Seite ebenso arbeiten, dabei mit einer Reihe in der Mitte (Ausschnitt) mit 5 Abnahmen beginnen.

Ärmel

14 Mit der Nadel 3,5 mm 57 (63/67) Maschen in Marineblau anschlagen und 5 cm im Rippenmuster 1/1 stricken.

15 Mit Nadel 4 mm in Glatt rechts und Streifen weiterstricken (mit 4 Reihen Ecru beginnen), dabei in der Mitte der 1. Reihe 1 Masche abnehmen. Dann liegen 56 (62/66) Maschen auf der Nadel. Die ersten 4 Reihen in Ecru stricken, dann alle 22 (22/18) auf jeder Seite 2 Maschen neben dem Rand 1 Masche aufnehmen. 4x (4x/5x) wiederholen. Es liegen 66 (72/78) Maschen auf der Nadel.

16 In 45 cm Gesamthöhe auf jeder Seite die ersten 3 Maschen abketten. Dann in den folgenden 2 (4/6) Reihen 4 Maschen neben dem Rand 2 Maschen abnehmen. Dann in den folgenden 6 Reihen 4 Maschen neben dem Rand 1 Masche abnehmen. 9x (8x/7x) [2 Reihen ohne Abnahmen stricken und in den beiden folgenden Reihen jeweils 4 Maschen neben dem Rand 1 Masche abnehmen.] Dann in den folgenden 6 Reihen 4 Maschen neben dem Rand 1 Masche abnehmen. In den folgenden 2 (4/6) Reihen 4 Maschen neben dem Rand 2 Maschen abnehmen. In den nächsten beiden Reihen jeweils die ersten 3 Maschen abketten. Anschließend in der nächsten Reihe die restlichen 16 Maschen abketten.

17 Den zweiten Ärmel ebenso arbeiten.

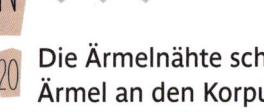

◆◆◆ ZUSAMMENSETZEN UND KRAGEN ◆◆◆

18 Die Seiten und Schultern von Vorder- und Rückenteil zusammennähen.

19 Mit Nadel 3,5 mm und Marineblau 116 Maschen aus dem Ausschnitt aufnehmen.
Siehe Foto 12 bis 16

2 cm im Rippenmuster 1/1 stricken und dann alle Maschen abketten. **Alternativ**, wenn man noch nicht mit dem Aufnehmen der Maschen zurechtkommt, kann man auch einfach einen Streifen über 117 Maschen und 2 cm im Rippenmuster 1/1 stricken und anschließend an den Ausschnitt nähen.

20 Die Ärmelnähte schließen und die Ärmel an den Korpus nähen.
Tipp: Darauf achten, dass beim Zusammennähen die Streifen an den Nähten exakt aufeinandertreffen.

21 Die Fäden vernähen.

10

11

12

13

14

15

16

FÄUSTLINGE

Material

- 1 Knäuel in Ecru
Lauflänge: 100 g/90 m
- 5 Knäuel in Rot
Lauflänge: 100 g/90 m
- Stricknadeln 8 mm und 9 mm
- 1 Wollnadel
- Schere

Techniken

- **Glatt rechts, Seite 14**
- **Zunahmen/Aus dem Querfaden zunehmen, Seite 17**
- **Abnahmen/Überzogen zusammenstricken, Seite 18**
- **Jacquardmuster, Seite 22**
- **Strickschrift lesen, Seite 25**

Maschenprobe

Glatt rechts mit Nadeln 9 mm: 12 Maschen x 15 Reihen = 10 cm x 10 cm

Strickschrift

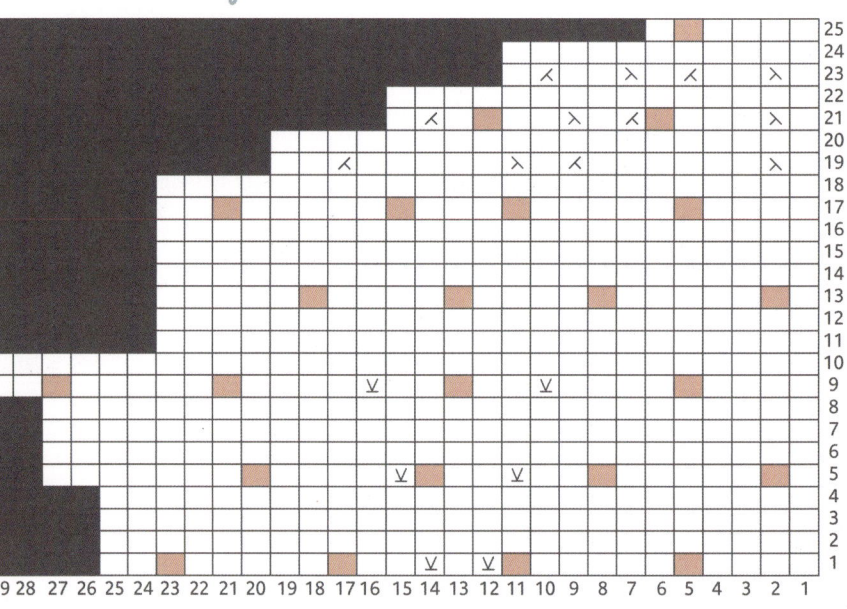

(Achtung, der Daumen, der ab der 11. Reihe gestrickt wird, erscheint nicht in der Strickschrift – man muss nur 1 Masche in Rot in der 3. Masche der 8. Reihe des Daumens arbeiten.)

☐ : rechte Masche in Hinreihen, linke Masche in Rückreihen, in Ecru
▨ : rechte Masche in Hinreihen, linke Masche in Rückreihen, in Rot
Ⅴ : Masche aus dem Querfaden zunehmen
⅄ : Maschen uberzogen zusammenstricken
⋌ : Maschen rechts zusammenstricken

ANLEITUNG

1 Mit der Nadel 8 mm 23 Maschen in Ecru anschlagen und 7 cm im Rippenmuster 1/1 stricken.
Siehe Foto 1

2 Mit Nadel 9 mm in Glatt rechts und Ecru 4 Reihen stricken. Dann mit dem Tupfenmuster beginnen. Zugleich auf beiden Seiten der 12. Masche 1 Masche aus dem Querfaden zunehmen (d. h. 1 Zunahme vor und 1 nach dieser Masche). Aufpassen, dass sich das Muster nicht verschiebt (siehe Strickschrift). Dasselbe nach 4 Reihen wiederholen, ebenso nach 4 weiteren Reihen. Es liegen 29 Maschen auf der Nadel.
Siehe Foto 2

3 Bei einer Gesamthöhe von 17 cm den Daumen stricken, dafür auf beiden Seiten 11 Maschen stilllegen. Es wird also nur über die 7 mittleren Maschen gestrickt: In der 1. Reihe auf beiden Seiten aus dem Querfaden je 1 Masche zunehmen (= 9 Maschen).
Siehe Foto 3 und 4

4 Wenn der Daumen 5 cm hoch ist, 1 Reihe wie folgt stricken:
1 Masche, dann stets 2 Maschen zusammenstricken.
Es liegen 5 Maschen auf der Nadel. Einen Faden durch diese 5 Maschen ziehen und festziehen.

5 Die stillgelegten Maschen wie folgt aufnehmen: 11 Maschen rechts stricken, 1 Masche unten am Daumen aufnehmen, die 11 Maschen links stricken. Es liegen 23 Maschen auf der Nadel. Fortlaufend das Tupfenmuster stricken, bis zu einer Höhe von 22 cm (mit einer Rückreihe beenden). Dann (in einer Hinreihe) wie folgt stricken: 1 Masche rechts, 2 Maschen überzogen zusammenstricken, 6 Maschen rechts, 2 Maschen rechts zusammenstricken, 1 Masche rechts, 2 Maschen überzogen zusammenstricken, 6 Maschen rechts, 2 Maschen rechts zusammenstricken, 1 Masche rechts. Es liegen 19 Maschen auf der Nadel. 1 Reihe links stricken. In der folgenden Reihe: 1 Masche rechts, 2 Maschen überzogen zusammenstricken, 4 Maschen rechts, 2 Maschen rechts zusammenstricken, 1 Masche rechts, 2 Maschen überzogen zusammenstricken, 4 Maschen rechts, 2 Maschen rechts zusammenstricken, 1 Masche rechts. Es liegen 15 Maschen auf der Nadel. 1 Reihe links stricken. In der folgenden Reihe: 1 Masche rechts, 2 Maschen überzogen zusammenstricken, 2 Maschen rechts, 2 Maschen rechts zusammenstricken, 1 Masche rechts, 2 Maschen überzogen zusammenstricken, 2 Maschen rechts, 2 Maschen rechts zusammenstricken, 1 Masche rechts. Es liegen 11 Maschen auf der Nadel. 1 Reihe links stricken. In der folgenden Reihe: 1 Masche rechts, dann immer 2 Maschen rechts zusammenstricken.
Siehe Foto 5 und 6

6 Durch die restlichen 6 Maschen einen Faden ziehen und festziehen.

7 Den zweiten Fäustling ebenso stricken.

ZUSAMMENSETZEN

8 Den Daumen wenden und von links zusammennähen.
Siehe Foto 7

9 Die Nähte des Fäustlings von der linken Seite schließen.

Tupfenmuster: Alle 6 Maschen 1 rote Masche stricken (zwischen den roten liegen immer 5 weiße Maschen), in jeder 4. Reihe (also 3 Reihen ohne Muster ganz in Weiß). Das Muster versetzen: In der 4. Reihe 1 rote Masche über die 3. Masche setzen (zwischen 2 rote Maschen der vorherigen 1. Reihe).

1

2

3

4

5

6

7

KUSCHELSTRICKJACKE

Material

• **13 Knäuel in Dunkelgrau**

Lauflänge: 100 g/36 m

• **Stricknadeln 12 mm und 15 mm Rundstricknadel 12 mm, mindestens 100 cm lang (optional)**

• **1 Knopf, 2 cm ø**

• **Maschenmarkierer**

• **1 Wollnadel**

• **Schere**

Größen: 34/36 (38/40 – 42/44)

Maschenprobe

Perlmuster mit Nadeln 15 mm: 7 Maschen x 11 Reihen = 10 cm x 10 cm

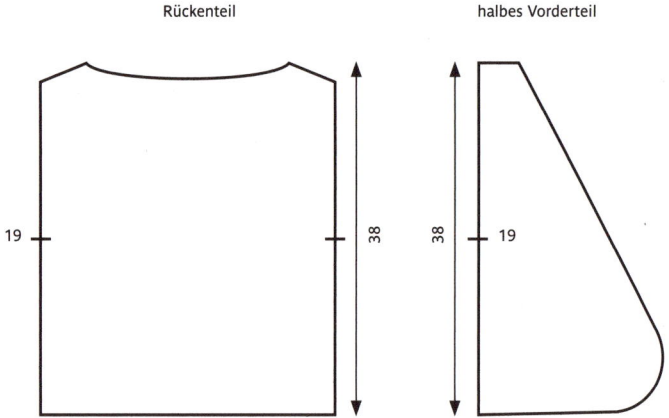

Rückenteil   halbes Vorderteil

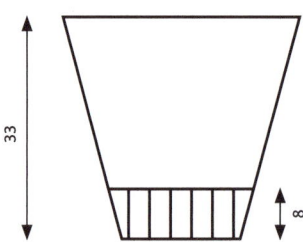

Ärmel

Techniken

• **Perlmuster, Seite 14**

• **Rippenmuster, Seite 15**

• **Zunahmen/Aus dem Querfaden zunehmen, Seite 17**

• **Abnahmen/Überzogen zusammen-stricken, Seite 18**

• **Maschen aufnehmen (optional), Seite 25**

• **Knopfleiste stricken, Seite 27**

◆◆◆ ANLEITUNG ◆◆◆

Rückenteil

1 Mit der Nadel 15 mm 35 (37/39) Maschen anschlagen und im Perlmuster stricken.

2 Nach 19 cm auf jeder Seite 1 Maschenmarkierer setzen, um die Ärmellöcher zu markieren.

3 In 38 cm Gesamthöhe die mittleren 11 Maschen abketten (also 12 (13/14) Maschen stricken, 11 Maschen abketten, 12 (13/14) Maschen stricken) und die Seiten getrennt beenden. Außen 6 (6/7) Maschen abketten, nach 2 Reihen nochmals 6 (6/7) Maschen abketten. Dasselbe auf der anderen Seite wiederholen.

Rechtes Vorderteil

4 Mit der Nadel 15 mm 13 (15/17) Maschen anschlagen und im Perlmuster stricken, dabei rechts 1 Masche neben dem Rand wie folgt abnehmen: 1 Masche.
Nach 2 Reihen 1 Masche abnehmen.
Nach 4 Reihen 1 Masche abnehmen.
Nur für Größe 34/36:
Nach 2 Reihen 1 Masche abnehmen. Es liegen 17 (18/20) Maschen auf der Nadel.

5 Dann in jeder 8. Reihe rechts 5x (5x/6x) 1 Masche abnehmen. Am Reihenanfang in Musterrichtung der 2. Masche abnehmen (wenn zum Beispiel die 2. Masche eine linke ist, 2 Maschen rechts zusammenstricken, damit das Perlmuster beibehalten wird).

6 In 19 cm Gesamthöhe links für den Armausschnitt 1 Maschenmarkierer setzen.

7 In 38 cm Gesamthöhe für die Schulter links 6 (6/7) Maschen abnehmen, nach 2 Reihen nochmals 6 (6/7) Maschen abnehmen.

8 Das linke Vorderteil gegengleich stricken.

Ärmel

9 Mit der Nadel 12 mm 25 (26/27) Maschen anschlagen und 8 cm im Bündchenmuster 1/1 stricken.

10 3x (8 Reihen stricken, dann auf jeder Seite 1 Masche zunehmen.) Bis zu einer Höhe von 33 cm ab dem Bündchen stricken und die restlichen 31 (32/33) Maschen abketten.

11 Den zweiten Ärmel ebenso stricken.
Siehe Foto 1

1

2

3

◆◆◆ ZUSAMMENSETZEN ◆◆◆

12 An der unteren Kante des Rückenteils 35 (37/39) Maschen aufnehmen und 9 cm im Bündchenmuster 1/1 stricken, dann alle Maschen abketten.
Die Schultern von Rücken- und Vorderteilen zusammennähen.
Siehe Foto 2

13 Mit der Rundstricknadel 12 mm 103 (105/107) Maschen an den Kanten des linken Vorderteils, Kragen und rechten Vorderteils aufnehmen, dabei an der linken Seitennaht beginnen und an der rechten enden.
Siehe Foto 3

14 Im Bündchenmuster 1/1 stricken. Nach 4 cm ein Knopfloch über 3 Maschen ab der 18. Masche einarbeiten. In der folgenden Reihe darüber 3 Maschen rechts aufnehmen und die Reihe beenden. Die folgenden Reihen ohne Abnahmen stricken. Nach 9 cm alle Maschen abketten.
Alternativ, wenn man noch nicht mit dem Aufnehmen der Maschen zurechtkommt, kann man auch einfach einen Streifen über 35 (37/39) Maschen und einen über 103 (105/107) Maschen im Rippenmuster 1/1, beide 9 cm breit, stricken und anschließend an die Jacke nähen

(den Streifen über 35 (37/39) Maschen unten an das Rückenteil und den über 103 (105/107) Maschen an die Vorderteile und den Halsausschnitt).

15 Die Vorderteile auf das Rückenteil legen und die Seitennähte von den Armausschnitten nach unten schließen. Die Ärmel annähen.
Den Knopf in Höhe des Knopflochs annähen.

ZOPFMUSTERPULLOVER

Techniken

• Glatt rechts, Seite 14

• Rippenmuster, Seite 15

• Zunahmen, Seite 16

• Abnahmen, Seite 18

• Maschen aufnehmen (optional), Seite 25

• Strickschrift lesen, Seite 25

• Zopfmuster, Seite 26

Maschenprobe

Glatt rechts mit Nadeln 10 mm: 11 Maschen x 15 Reihen = 10 cm x 10 cm

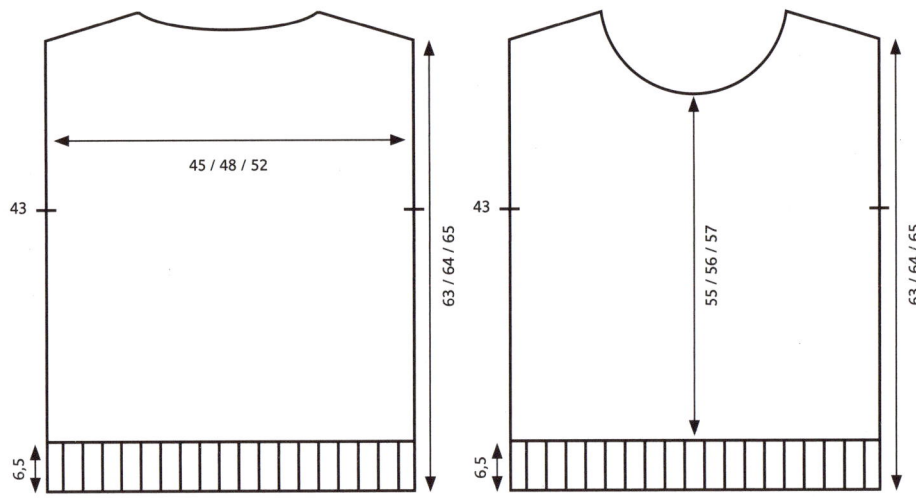

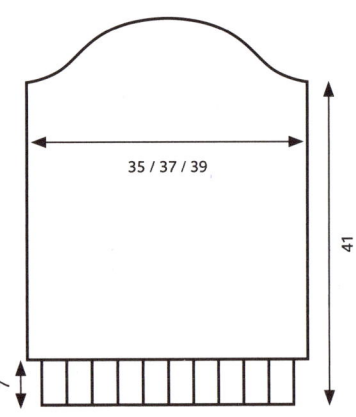

Rückenteil

1 Mit der Nadel 9 mm 49 (53/57) Maschen anschlagen und im Rippenmuster 1/1 (1 Masche rechts, 1 Masche links in allen Hinreihen und umgekehrt in Rückreihen) stricken.

2 In 6,5 cm Höhe mit Nadeln 10 mm in Glatt links weiterstricken (die linke Seite bildet die Vorderseite des Gestricks), dabei in der 1. Reihe 1 Masche zunehmen. Es liegen 50 (54/58) Maschen auf der Nadel.

3 In 43 cm Gesamthöhe für die Armausschnitte auf beiden Seiten 1 Maschenmarkierer setzen.

4 In 63 (64/65) cm Gesamthöhe die ersten 4 (4/5) Maschen abketten, in der folgenden Reihe nochmals die ersten 4 (4/4) Maschen abketten. Es liegen 42 (46/48) Maschen auf der Nadel. In der folgenden Reihe die ersten 4 (5/5) Maschen abketten, dann 4 (5/6) Maschen stricken und 26 Maschen abketten und die letzten 8 (10/11) Maschen stricken. Anschließend die ersten 4 (5/5) Maschen abketten und die restlichen 4 (5/6) Maschen stricken. (Die restlichen 4 (5/6) Maschen der anderen Ausschnittseite auf dem Ende der Nadel ruhen lassen.)
Siehe Foto 1

Über die 4 (5/6) Maschen 1 Reihe stricken. Dann diese 4 (5/6) Maschen abketten. Über die am Nadelende ruhenden 4 (5/6) Maschen 1 Reihe stricken (dabei von innen aus beginnen) und in der folgenden Reihe abketten.

Vorderteil

5 Mit der Nadel 9 mm 49 (53/57) Maschen anschlagen und im Rippenmuster 1/1 (1 Masche rechts, 1 Masche links in allen Hinreihen und umgekehrt in Rückreihen) stricken.

6 In 6,5 cm Höhe mit Nadeln 10 mm weiterstricken, dabei in der 1. Reihe 1 Masche wie folgt zunehmen: 9 (11/13) Maschen links stricken (davon ist eine die zugenommene Masche), 10 Maschen rechts, 12 Maschen links, 10 Maschen rechts und 9 (11/12) Maschen links. Es liegen 50 (54/58) Maschen auf der Nadel.
Siehe Foto 2

7 Nach der Strickschrift stricken und in der 7. Reihe (und alle 8 Reihen) die Maschen zu Zöpfen verkreuzen.
Siehe Foto 3 bis 6
Um die Maschen nicht zählen zu müssen, 1 Maschenmarkierer direkt vor den Zopf setzen, das heißt hinter die 9. (11./13.) Masche und vor die 31. (33./35.) Masche.

8 In 43 cm Gesamthöhe für die Armausschnitte auf beiden Seiten 1 Maschenmarkierer setzen.

9 In 55 (56/57) cm Gesamthöhe den Ausschnitt arbeiten, dafür 16 (18/20) Maschen stricken, dann 18 Maschen abketten und die restlichen 16 (18/20) Maschen stricken. (Nach dieser Reihe keine Zöpfe mehr arbeiten, weil dafür die Maschenzahl nicht mehr ausreicht; nur noch rechte und linke Maschen stricken.) Über die letzten 16 (18/20) Maschen weiterstricken (die 16 (18/20) Maschen auf der anderen Seite ruhen lassen) und 1 Reihe ohne Abnahmen arbeiten. In der folgenden Reihe die ersten beiden Maschen abketten (also in der Mitte). 2x (1 Reihe ohne Abnahmen stricken. In der folgenden Reihe die 1. Masche abketten.) Es liegen 12 (14/16) Maschen auf der Nadel.

10 In 63 (64/65) cm Gesamthöhe die ersten 4 (4/5) Maschen (außen) abketten und die restlichen 8 (10/11) Maschen stricken. Die folgende Reihe ohne Abnahmen stricken. Anschließend die ersten 4 (5/5) Maschen (Außenkante) abketten und die restlichen 4 (5/6) Maschen stricken.

1

2

3

4

5

6

7

8

Die folgende Reihe ohne Abnahmen stricken. Dann die 4 (5/6) Maschen abketten.

Über die am Nadelende ruhenden 4 (5/6) Maschen stricken (dabei von innen aus beginnen) und dabei die beiden ersten Maschen abketten.

2x (1 Reihe ohne Abnahmen stricken. In der folgenden Reihe die 1. Masche abketten).

Es liegen 12 (14/16) Maschen auf der Nadel.

In 63 (64/65) cm Gesamthöhe die ersten 4 (4/5) Maschen (außen) abketten und die restlichen 8 (10/11) Maschen stricken.

Die folgende Reihe ohne Abnahmen stricken.

Dann die ersten 4 (5/5) Maschen (außen) abketten und die restlichen 4 (5/6) Maschen stricken.

Die folgende Reihe ohne Abnahmen stricken.

Dann die restlichen 4 (5/6) Maschen abketten.

Ärmel

 Mit der Nadel 9 mm 29 (31/33) Maschen anschlagen und 7 cm im Rippenmuster 1/1 stricken.

12 Dann mit Nadeln 10 mm in Glatt links weiterstricken, dabei in der 1. Reihe 10 Maschen zunehmen (4 Maschen stricken, dann alle 2 Maschen 1 Masche zunehmen). Es liegen 41 (43/45) Maschen auf der Nadel.

13 In 41 cm Gesamthöhe für die Armkugeln auf beiden Seiten wie folgt abketten.

Größe 34/36

In der 1., 2., 3. und 4. Reihe jeweils die ersten 3 Maschen abketten.

In der 5., 6., 7. und 8. Reihe jeweils die ersten 2 Maschen abketten.

In der 9., 10., 11. und 12. Reihe jeweils die ersten 3 Maschen abketten.

Größe 38/40

In der 1. und 2. Reihe jeweils die ersten 4 Maschen abketten.

In der 3. und 4. Reihe jeweils die ersten 3 Maschen abketten.

In der 5. und 6. Reihe jeweils die ersten 2 Maschen abketten.

In der 7. und 8. Reihe jeweils die 1. Masche abketten.

In der 9. und 10. Reihe jeweils die ersten 3 Maschen abketten.

In der 11. und 12. Reihe jeweils die ersten 4 Maschen abketten.

Größe 42/44

In der 1. und 2. Reihe jeweils die ersten 4 Maschen abketten.

In der 3. und 4. Reihe jeweils die ersten 3 Maschen abketten.

In der 5., 6., 7. und 8. Reihe jeweils die ersten 2 Maschen abketten.

In der 9. und 10. Reihe jeweils die ersten 3 Maschen abketten.

In der 11. und 12. Reihe jeweils die ersten 4 Maschen abketten.

Die restlichen 9 Maschen abketten.

14 Den zweiten Ärmel ebenso stricken.
Siehe Foto 7

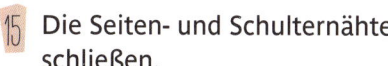

ZUSAMMENSETZEN UND KRAGEN

15 Die Seiten- und Schulternähte schließen.

16 Mit einer Rundstricknadel 9 mm am Ausschnitt 68 Maschen aufnehmen.
Siehe Foto 8
25 cm im Rippenmuster 1/1 stricken, dann alle Maschen abketten.

Alternativ, wenn man noch nicht mit dem Aufnehmen der Maschen zurechtkommt, kann man auch einfach einen Streifen über 69 Maschen und 25 cm im Rippenmuster 1/1 stricken und anschließend an den Ausschnitt nähen.

17 Die Ärmelnähte schließen und die Ärmel annähen.

Strickschrift

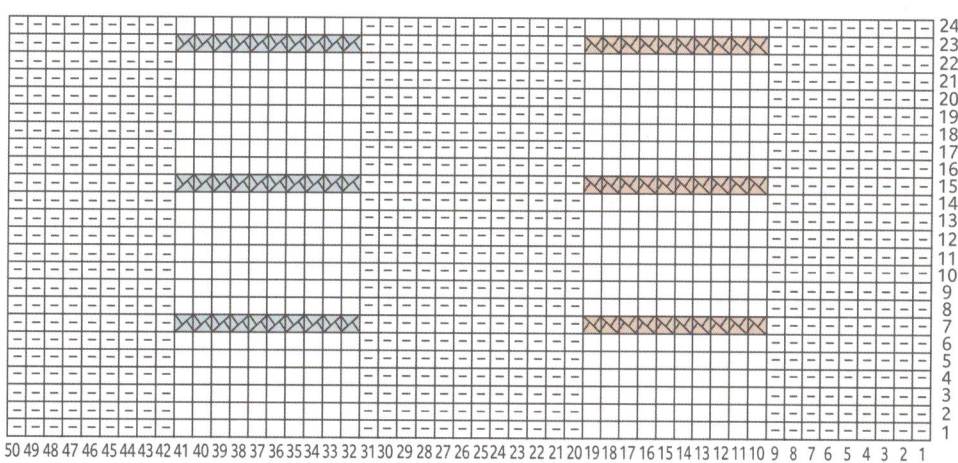

(Für Größe 38/40 auf beiden Seiten der Strickschrift 2 Maschen hinzufügen //
Für Größe 42/44 auf beiden Seiten der Strickschrift 4 Maschen hinzufügen.)

☐ : linke Masche in Hinreihen, rechte Maschen in Rückreihen
⊟ : rechte Masche in Hinreihen, linke Maschen in Rückreihen
⊠ : Zopf über 10 Maschen nach links
⊠ : Zopf über 10 Maschen nach rechts

Impressum

Originalausgabe unter dem Titel Apprendre à tricoter ses vêtements et accessoires erschienen bei: © Mango, 2018
www.mangoeditions.com

Für die deutsche Ausgabe:
Produktmanagement: Maria Möllenkamp
Übersetzung & Lektorat: Dr. Katrin Korch, www.literatur-und-mehr.de
Satz: Martin Jablonka
Umschlaggestaltung: Leeloo Molnár
Herstellung: Bettina Schippel, Stephanie Schlemmer
Printed in Spain

Die Deutsche Nationalbibliothek verzeichnet diese Publikation in der Deutschen Nationalbibliografie; detaillierte bibliografische
Daten sind im Internet über http://dnb.d-nb.de abrufbar.

© 2020 Christophorus Verlag in der Christian Verlag GmbH
Infanteriestraße 11a
D-80797 München

ISBN 978-3-8410-6592-6

Unser komplettes Programm finden Sie unter

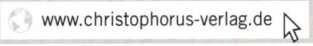

 Kreativ-Service

Sie haben Fragen zu den Büchern und Materialien?
Frau Erika Noll ist für Sie da und berät Sie rund um
alle Kreativthemen. Rufen Sie an! Wir interessieren
uns auch für Ihre eigenen Ideen und Anregungen.
Sie erreichen Frau Noll per E-Mail:
mail@kreativ-service.info oder
Tel.: **+49 (0) 5052 / 91 18 58**

Besuchen Sie uns im Internet: **www.christophorus-verlag.de**

★★★★★

Sind Sie mit diesem Titel zufrieden? Dann würden wir
uns über Ihre Weiterempfehlung freuen. Erzählen Sie es
im Freundeskreis, berichten Sie Ihrem Buchhändler oder
bewerten Sie bei Onlinekauf. Und wenn Sie Kritik, Korrek-
turen, Aktualisierungen haben, freuen wir uns über Ihre
Nachricht an: Christian Verlag, Postfach 40 02 09,
D-80702 München oder
per E-Mail an lektorat@verlagshaus.de.